Louis FOURNIER

RÉALISEZ TOUS VOS PROJETS

ÉLIMINEZ FREINS DEFAUTS ADDICTIONS AVEC L'AUTOSUGGESTION POSITIVE

de l'imagination à la réalité...

http://petit-prof.com

RÉALISSEZ

TOUS

VOS PROJETS

« QUAND NOUS N'AGISSONS PAS
LES DIEUX NOUS ABANDONNENT »

VOLTAIRE

AVIS

Une science est régie par des phénomènes qualifiés de scientifiques.
Le propre de ces phénomènes est qu'ils se reproduisent de façon identique quand les conditions qui les entourent sont elles-mêmes identiques.

Ainsi la température d'ébullition d'un liquide pur dépend de la pression.
Si l'eau pure bout à la température précise de 100°C à la pression atmosphérique normale, elle bout à 72°C au Mont Everest...
Elle bout même à température ambiante si on diminue encore la pression !

La psychologie est-elle une science ?
Malgré la polémique à laquelle aiment se livrer certains,
cela ne fait à notre avis aucun doute !

En effet, avant tout expérimentale, elle est régie par des lois reproductibles pour l'essentiel. Cependant, si ces lois ne sont pas immuables pour tous,
c'est que la nature humaine
est bien différente de celle des corps purs chimiques !

Sa complexité est due à la présence et à l'interaction en chacun de nous d'un corps physique, d'un cerveau et d'une âme. Cela fait que tout homme est différent des autres. Pis, un individu n'est lui-même pas immuable, ni dans ses capacités ni surtout dans ses sentiments...

Il n'est pas besoin d'aller plus avant pour comprendre que dans ces conditions toute théorie psy ne peut être qu'en partie vérifiée !
Le lecteur s'en souviendra quand il parcourra cet opuscule.
Pour en tirer profit, il en fera une lecture critique mais constructive se rappelant que comme dans d'autres domaines (la prière par exemple), les phénomènes psy réclament pour se réaliser qu'on les considère sans idée malveillante.

Comment pourrait-on en effet espérer obtenir un résultat
à partir d'une théorie psychologique
si on se met dès le départ en état de la rejeter ?

LF

Sommaire

- **Avis (p.5)**
- **I-**   **Sur les projets (p.9)**
- **II-**   **Une vie est-elle une page écrite ? (p.15)**
- **III-**   **Des courants régissent notre vie (p.21)**
  - **magnétisme personnel psychique (p.22)**
- **IV-**   **La suggestion (p.27)**
- **V-**   **Les deux faces de l'autosuggestion (p.35)**
- **VI-**   **L'autosuggestion positive (p.41)**
  - **visualisation positive (p.45)**
  - **mode opératoire (p.50)**
  - **loi de l'attraction (p.63)**

◉ polarisation psychique (p.66)

◉ absorption de l'énergie (p.71)

◉ logiciels d'aide à l'autosuggestion (p.75)

◉ principe d'anticipation positive (p.80)

VII- <u>Où l'on voit que 1+1 ne fait pas toujours 2</u> (p.83)
<u>Règles à suivre pour s'autosuggestionner</u>

◉ les conditions de la réussite (p.94)

VIII- <u>Rôle de la volonté</u> (p.101)

IX- <u>Conclusion</u> (p.107)

X- <u>Compléments</u> (p.111)

◉ **Quelques citations fondamentales d'Emile Coué pour bien comprendre son œuvre (p.111)**

◉ **Références et liens internet sur et autour de l'autosuggestion [sites, ouvrages, vidéos] (p.113)**

◉ **Autres ouvrages BOD Editions (p.117)**

I - Sur les projets

Une vie sans projet est une nuit sans lune et sans étoiles sur un chemin de campagne. On avance à tâtons, buttant dans l'obscurité sur la moindre pierre, risquant à tout moment de tomber dans le fossé. Le plus petit obstacle, invisible, nous y fait trébucher. On tempête alors après le sort contraire. La lutte est inégale. On n'ose avancer. Et l'on s'arrête enfin attendant que le début du jour éclaire notre route pour pouvoir continuer.

Notre ouvrage « Réussissez tous vos projets » va décrire une toute autre scène. Celle du même chemin, sous le soleil, où nous pourrons à loisir flâner, cueillir des fleurs, observer les oiseaux et nous diriger sans embûche vers le but que nous nous serons nous-même fixé.

Avant d'aller plus loin il nous parait indispensable de bien nous entendre sur le mot « projet ». Nous préciserons donc dans ce premier chapitre quelques-uns parmi les plus courants et les plus importants. Notre liste ne sera évidemment pas limitative !

Il nous faudra également aborder la condition essentielle à la réalisation de l'un d'eux, celle de la motivation du sujet ainsi que l'entretien pérenne de cette motivation.

Qu'entendons-nous par « projet » ? De façon générale, c'est le but que l'on se propose d'atteindre mais en examinant les choses de plus près, sa nature est variable. En effet il peut être écrit : son déroulement est imminent. Il n'attend parfois que l'assentiment du décideur. Il peut être aussi à l'étude, en devenir, et même dans un état très peu avancé si on ne sait pas comment le réaliser.

Voyons tout d'abord un projet prêt à démarrer. Il a été réfléchi, discuté rationnellement dans ses moindres détails, examiné financièrement.

Le décideur ultime n'est d'ailleurs pas forcément l'initiateur. Ce peut être le patron de l'entreprise. Ce sera le cas lors d'une dépense importante ou de l'embauche d'un salarié nécessitée par une augmentation d'activité. Ce peut être également l'administration. C'est le cas par exemple lors d'une réponse à une demande de construction, à une demande d'ouverture d'une école privée ou d'un débit de boissons. Le projet est dans ce cas déjà en place. Il a été préparé dans ses moindres détails : dès l'autorisation administrative obtenue, il démarre et sera assurément mené à son terme.

Le projet annoncé dans le titre de notre ouvrage est d'une toute autre nature. Celui qui nous intéressera ici sera avant tout projet de vie. Difficile à réaliser, dans les limbes, le flou, le fou, un coup de cœur peut-être mais qui persiste, celui qui évolue avec le temps, l'idée subite qui nous parait géniale mais que l'on ne sait pas par quel bout prendre, celui qui nous tient à cœur mais que l'on n'est pas sûr de pouvoir mener à bien tant il est loin de notre vie actuelle. Or il doit justement la changer, cette vie. C'est surtout celui qui nous dépasse, qui nous fait peur parce qu'il bouscule notre quotidien. C'est parfois même celui dont on rêve mais qu'on ne se croit vraiment pas capable de réaliser !

Aura-t-il une chance de voir le jour ? Allons-nous seulement essayer ? Allons-nous réussir ? Comment s'y prendre ? N'allons-nous pas regretter ? Ce qui est sûr, c'est que de très nombreux facteurs interviendront dans la prise de décision comme dans le déroulement du projet jusqu'à la réalisation ultime. Verra-t-il vraiment le jour ? Ce n'est pas sûr du tout !

Les choses étant à présent un peu plus claires dans votre esprit, du moins nous l'espérons, quel projet choisir ? Vous pouvez demander conseil, vous avez même intérêt ! Mais c'est bien entendu à vous et à vous seul(e) de répondre... Ce n'est d'ailleurs qu'à cette condition qu'il pourra être mené à bien.

Recensons cependant quelques-uns des projets les plus courants concernés ? Il y en a bien sûr beaucoup d'autres possibles, dont le vôtre. En voici une quinzaine en vrac, dans une énumération à la Prévert :

-penser à un changement radical de votre vie de célibat : vous marier, avoir des enfants
-conquérir la femme (ou l'homme) de votre vie
-changer radicalement d'existence
-changer de lieu ou même de pays d'habitation
-faire un régime pour perdre 20 kg
-vous lancer dans une activité artistique (chant, musique,

dessin, peinture, sculpture)
-quitter la sécurité matérielle pour l'aventure
-vous établir à la campagne
-vous mettre à votre compte dans une activité qui vous passionne
-préparer une reconversion professionnelle
-devenir écrivain et vous lancer dans l'autoédition
-faire le tour du monde en stop, à moto, en voilier
-décider de vous entrainer pour le prochain Marathon de New-York
-vous mettre à un sport dangereux (alpinisme, ski extrême, parachute, surf)
-ou plus généralement apprendre à réaliser tout projet présent ou à venir qui vous tient particulièrement à cœur et qui est amené à changer en partie le cours de votre existence

Il peut tenir du rêve mais doit être réalisable. Voilà donc pour la nature du projet qui vous concerne ici. Sa source tient pour l'essentiel de l'affect. La mise en œuvre nécessaire à sa réalisation en tiendra compte.

Comment réaliser quelque chose qui vous tient vraiment à cœur ? L'adage populaire « Aide-toi le Ciel t'aidera » est ici plus vrai que jamais. Autrement dit, ne comptez en fin de compte que sur vous-même.

Compter avant tout sur soi et sa motivation ne signifie pas que le reste du monde n'est pas concerné mais c'est vous le principal intéressé, c'est donc vous qui devez piloter l'ensemble. Une fois que cet ensemble sera jugé cohérent, chacune de ses étapes sera, dans sa réalisation, soigneusement contrôlée par vous-même.

Ainsi, admettons que, par esprit d'aventure, vous ayez décidé de suivre les traces du célèbre Jack London et de naviguer comme lui en solitaire sur un voilier tout en écrivant des romans relatant vos voyages et des aventures plus ou moins imaginées. Voilà un projet passionnant ! Nous supposerons pour simplifier un peu les choses que la navigation à voile est de votre compétence. La réalisation globale de votre idée ne sera cependant pas de tout repos.

En effet, il va vous falloir : veiller à l'acquisition d'un bateau en bon état, aux transformations et renforcements nécessaires, à l'achat du matériel (voiles de rechange, vivres, eau douce, outillage spécialisé, matériel permettant de faire le point, GPS, gilets de sauvetage, matériel de sécurité etc.). L'itinéraire devra être étudié avec soin, la météo prévisionnelle examinée. Qui ne peut le faire sinon l'intéressé lui-même ? La moindre erreur, le moindre oubli et l'aventure deviendrait désastre. Il vous faudra aussi trouver un ou plusieurs sponsors publicitaires et bien entendu un éditeur qui fera connaître vos œuvres.

Il va sans dire qu'une telle entreprise va changer le cours de votre vie. Elle nécessite au départ une motivation exceptionnelle et durable : vous en rêvez depuis longtemps.

Malgré cette motivation il est probable que vous passerez par des phases inévitables de doutes, d'interrogations et de découragements devant les difficultés rencontrées dans votre entreprise. Cela lors de la préparation minutieuse du projet comme lors de votre départ et dans les premiers jours de navigation. Ce sont les effets-frein ou effets négatifs. Ils vous incitent à tout arrêter et parfois même à rebrousser chemin.

Il va donc vous falloir anéantir ces freins au fur et à mesure et retrouver une motivation intacte. Pour cela, vous devrez utiliser des effets-accélération. Vous pourrez le faire en particulier grâce à la visualisation, elle-même antichambre de l'autosuggestion positive. Nous en parlerons tout au long de notre ouvrage. A vous de nous y suivre !

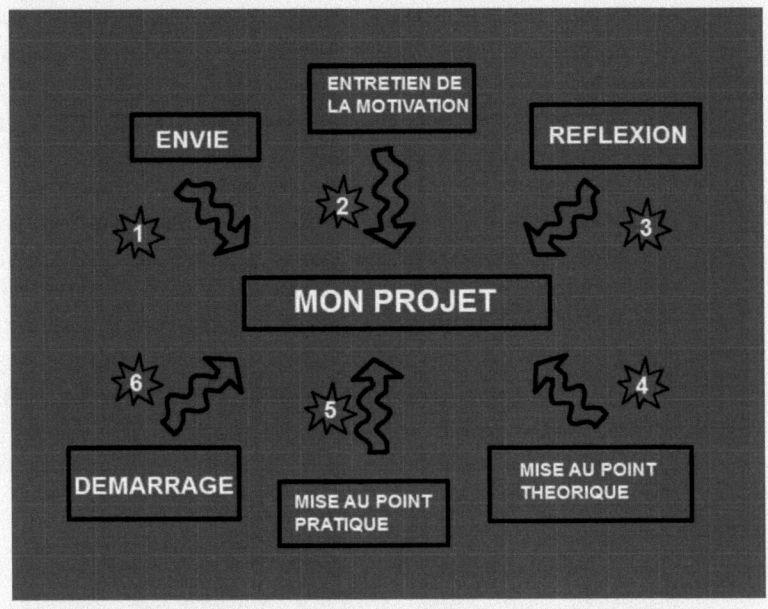

II - Notre vie est-elle une page déjà écrite ?

Pendant longtemps l'homme a pensé que le chemin de sa vie était tracé dès sa naissance. Son destin ayant été déterminé par les dieux, il n'avait aucun pouvoir d'en changer la route. Son rôle était réduit à observer des évènements qui allaient lui arriver.

La locution latine « aléa jacta est » dont César est l'auteur se traduit par « le sort en est jeté ». Ici le hasard est tout puissant et il est inutile de vouloir lutter contre lui. Ce hasard est écrit. La vie d'un homme est prédéterminée et subie. Elle ne lui appartient pas et n'a qu'à s'écouler sans que l'intéressé puisse en changer le cours.

Plus tard, au 16ème siècle, Calvin a renforcé l'idée que l'homme n'était pas libre de son destin en se livrant à l'enseignement d'une doctrine allant à l'encontre de la liberté humaine, celle de la prédestination.

Une autre interprétation du déroulement de la vie et de la locution « alea jacta est » est plus moderne, plus active et ne fait pas intervenir un quelconque dieu. Le sujet prend une décision en toute responsabilité pour orienter un pan de son existence. Une fois la décision prise, « advienne que pourra ».

La première façon d'imaginer une vie d'homme est de la voir telle une coquille de noix ballotée par les flots. Ceux-ci l'entraineront où ils veulent. La coquille n'a aucun pouvoir sur la route suivie. Elle peut être engloutie à tout moment.

Dans la seconde au contraire notre homme est sur un bateau à voile au milieu de la tempête. Malgré le danger dans un milieu hostile, il manœuvre le gouvernail, oriente les voiles et tente de remonter au vent pour rejoindre sa destination. Y réussira-t-il ? C'est une autre histoire. En tout cas il essaie et de ce fait est acteur de sa vie.

A partir de ces deux interprétations les questions qui se posent à la réflexion de tout être humain sont essentielles ! Essayons de les résumer en vrac :

Notre histoire est-elle écrite par avance comme dans un livre ?
Pouvons-nous lutter pour échapper à notre destin ?
Comment programmer l'échappatoire ?
Quel est le rôle de la volonté ?
Comment est-il possible d'influencer autrui ?
Peut-on s'influencer soi-même ?

Quelle méthode pour détourner le cours de la fatalité ?
D'ailleurs y-a-t-il une fatalité ?

En résumé pour être plus clair :
-notre vie est-elle programmée ?
-avons-nous un pouvoir quelconque sur les évènements que nous rencontrons dans notre vie ?
-si nous en avons un, ce pouvoir peut-il être suffisant pour réorienter une existence ?

Au cours d'une vie les faux-pas possibles sont nombreux...

Dans la suite de notre ouvrage, pour répondre à ces questions, nous nous placerons résolument dans une interprétation positive démontrant que l'être humain peut agir à n'en pas douter sur le cours de son existence.

Si certains préfèrent confier leur vie au hasard d'autres tracent au contraire leur route avec précision grâce à une activité et à un comportement adaptés. Nous serons donc résolument du côté de ces derniers.

Nous tâcherons de montrer en particulier comment tout individu bien préparé peut faire bouger les choses dans le sens qu'il désire en repoussant ses limites bien au-delà de ce qui paraissait possible.

Ce fut le cas d'hommes et de femmes devenues célèbres alors que rien ne le laissait présager. Ce fut par exemple le cas de Jeanne d'Arc, simple bergère, de Bernard Palissy, issu d'une famille modeste qui dut brûler ses meubles afin de découvrir le secret de la porcelaine émaillée. Ce fut aussi celui de Lewis Howard Latimer, noir américain, fils d'esclave, et pourtant inventeur de la lampe à filament de carbone. Dans le domaine sportif, Lionel Messi est devenu le meilleur joueur de football actuel, bien que de petite taille et doué de capacités physiques modestes. Alain Mimoun, après avoir évité de justesse l'amputation d'une jambe pendant la 2ème guerre mondiale, devint champion olympique à Melbourne à 36 ans pour son premier marathon ! Dans un tout autre domaine et plus près de nous, qui aurait parié sur les chances de l'actuel président de la République François Hollande deux ans avant son élection de 2012 ?

A n'en pas douter tous ces personnages, dans des domaines très différents, ont montré des qualités morales personnelles hors du commun pour parvenir à leurs fins.

Faire bouger les choses, repousser ses limites, opérer les changements qui sont nécessaires, gommer certains défauts qui nous pénalisent, chasser ses démons, acquérir des savoir-faire, nous doter de qualités nouvelles, réaliser tout ce qui parait dans un premier temps irréalisable, assouvir certains rêves, tout cela est donc possible.

Y-a-t-il une méthode pour y parvenir ? Quelle technique, quels traits de caractère, comment rejoindre le chemin qui mène au succès alors que rien ne nous y prédispose ? Quels changements doit-on opérer dans son comportement ? Quels freins à ces changements doit-on combattre ?

Nous répondrons plus bas à ces questions, en examinant les raisons de la réussite assez surprenante de certaines personnalités.

Bien sûr les résultats ne seront pas immédiats. Ils réclameront du temps et des efforts. La durée nécessaire dépendra également des individus.

Dès maintenant nous pouvons affirmer que la réussite d'un projet destiné à changer notre vie, comme l'un de ceux mentionnés au chapitre précédent, nécessitera la mise en œuvre et le suivi précis d'une méthode à la fois à la portée de chacun de nous et d'une efficacité redoutable. Elle est appelée l'autosuggestion.

« NOUS SOMMES CE QUE NOUS NOUS FAISONS ET NON PAS CE QUE LE SORT NOUS FAIT. »

EMILE COUÉ

III - Les courants mentaux

Le célèbre **Hector Durville** fondateur de la Société du Magnétisme de France au début du 20ème siècle écrivait en substance que :

> « *Sauf de rares exceptions, toute personne dont la santé physique et morale est équilibrée, peut guérir ou soulager son semblable. A défaut du père, de la mère, d'un parent ou même d'un ami, on peut choisir une robuste paysanne, un solide gaillard qui soit honnête, compatissant et animé du désir de faire le bien. On le prie de s'asseoir devant le malade ou de le placer près de lui, de prendre ses mains dans les siennes en laissant tomber le regard sur l'estomac, puis sans penser à autre chose qu'au soulagement, placer ses mains sur le siège du malade, les y laisser un certain temps et les déplacer ensuite lentement de haut en bas.*
>
> *Par ce simple contact, une sorte d'équilibre vital tend à se faire de l'un à l'autre, car la santé se*

communique comme la maladie. Le malade, même atteint d'une grave maladie, peut être soulagé au bout d'une demi-heure. »

H. Durville ajoute qu'il peut même arriver que : « La maladie la plus rebelle disparaisse comme par enchantement. »

Ce pouvoir extraordinaire que la plupart d'entre nous semblons posséder est appelé par Durville "<u>**Le Magnétisme Personnel Psychique**</u>".

« *Le magnétisme personnel permet à l'homme comme à la femme d'attirer la Considération, la Confiance, la Sympathie et l'Amour de ses semblables ; d'obtenir les meilleures situations et d'arriver facilement au Bonheur et à la Fortune, ou, tout au moins, au Bien-être que nous désirons tous.* »

<u>Victor Turnbull</u> sur les travaux duquel s'est appuyé en partie Durville avait émis avant lui la théorie des Courants Mentaux. Dans cette théorie le pouvoir personnel que chacun d'entre nous possède est analogue au phénomène d'attraction et de répulsion des aimants ou du courant électrique.

Les Courants Mentaux

Seulement, et contrairement à ce qui se passe dans le magnétisme physique, ici ce sont les semblables qui s'attirent et les contraires qui se repoussent !

Les Pensées et les Actions de même nature s'attirent donc et font naître ou bien augmentent la sympathie, la confiance et l'amour que les individus sont susceptibles d'avoir les uns pour les autres ; les Pensées et les Actions de nature opposée se repoussent donnant lieu au contraire à l'antipathie, à la méfiance et à la haine.

On pourrait énoncer ici "(ce) qui se ressemble s'assemble et (Ce) qui se distingue se fuit..."

La notion de Suggestion qui fait passer des pensées d'un esprit à un autre, rejoint cette définition des courants mentaux. Dans la suggestion, l'esprit qui suggère est appelé donneur, celui qui reçoit est receveur ou récepteur.

Le résultat est une transformation de l'esprit du receveur dans la ligne voulue par le donneur. Par analogie le phénomène de l'autosuggestion, où le donneur est aussi receveur, fait partie des courants mentaux. La différence est que dans ce dernier cas le courant mental est réflexif.

Nous allons nous intéresser dans la suite de cet ouvrage tout naturellement au phénomène de suggestion et donc forcément, puisqu'elle en fait partie, à l'autosuggestion.

La suggestion est un courant mental allant du donneur au récepteur...

En préambule, nous rappellerons ici les paroles **d'Emile Coué** :

« Nous possédons en nous une force d'une puissance incalculable qui, lorsque nous la manions d'une façon inconsciente, nous est souvent préjudiciable. Si au contraire nous la dirigeons d'une façon consciente et sage, elle nous donne la maîtrise de nous-même et nous permet non seulement d'aider à nous soustraire nous-même et à soustraire les autres à la maladie physique et à la maladie morale, mais encore de vivre relativement heureux, quelles que soient les conditions dans lesquelles nous puissions nous trouver »

C'est donc bien à cette « force d'une puissance incalculable » que nous allons nous intéresser dans la suite de notre propos.

Selon les individus cette force peut être orientée soit vers le mal-être, on dira qu'elle est maléfique ou négative, soit vers le mieux-être de l'individu. Dans ce cas elle est bénéfique ou positive.

C'est cette dernière que nous allons essayer de domestiquer pour en faire une alliée.

C'est à elle que nous ferons appel à chaque fois que nous voudrons transformer nos rêves les plus fous en réalités. Elle nous permettra d'influencer les autres mais surtout de nous influencer... nous-mêmes !

« L'INCONSCIENT N'EST PAS UNE CRÉATION DE NOTRE IMAGINATION MAIS BIEN UN ÊTRE RÉEL... LA PREUVE DE SON EXISTENCE NOUS EST DONNÉE PAR L'EXEMPLE DU SOMNAMBULE »

EMILE COUÉ

IV - La Suggestion

La suggestion c'est l'art de faire réagir le moral sur le physique, d'imposer une idée et d'en assurer l'exécution. Hippolyte Bernheim, célèbre professeur de médecine et neurologue, la définissait comme un « acte par lequel une idée est introduite dans le cerveau et acceptée par lui »

En admettant que les idées soient des forces, on explique généralement leur mécanisme de la façon suivante : toute idée acceptée par le cerveau se transforme en acte, à une échéance plus du moins brève.

Cette explication, admise de nos jours par tous les psychologues, l'est également par les physiologistes. Ils enseignent que toute cellule cérébrale actionnée par une idée actionne à son tour une cellule nerveuse. Celle-ci met alors en activité les fibres susceptibles de réaliser l'acte.

Il est ainsi reconnu que l'affirmation des anciens occultistes était la bonne quand ils affirmaient que "tout ce qui entre dans l'esprit en sort par les muscles".

Les idées qui nous viennent du dehors, c'est-à-dire celles qui nous sont inculquées ou imposées dans un but quelconque, constituent la suggestion ou hétérosuggestion.

Cela se passe, soit au cours d'une conversation, soit lorsqu'on écoute un conférencier éloquent et sympathique.

Dans les deux cas, la production de la suggestion se fait toujours à partir de celui qui parle vers celui qui écoute, et cela a lieu d'autant plus facilement que celui qui écoute est plus passif. Surtout s'il est moins instruit du sujet abordé que le premier.

La suggestion venant du dehors se fait presque toujours verbalement, mais on peut la faire aussi mentalement, sans le secours de la parole et d'aucun geste extérieur, rien qu'en formulant intérieurement son intention, sa pensée, son désir, pour la transmettre à travers le milieu ambiant. C'est la suggestion mentale.

La suggestion mentale se produit même sans le secours de la volonté. Certains praticiens bien entraînés font avec des sujets, eux aussi entraînés, des expériences étonnantes.

En étendant davantage encore le champ de la suggestion - qui menace d'envahir tout le domaine de la pensée - les mêmes psychologues admettent que le phénomène est identique lorsque les idées et les impressions qui nous pénètrent viennent de nous-mêmes.

Tel sera le cas des résolutions que nous prenons seuls en toute liberté. On parlera alors d'autosuggestion.

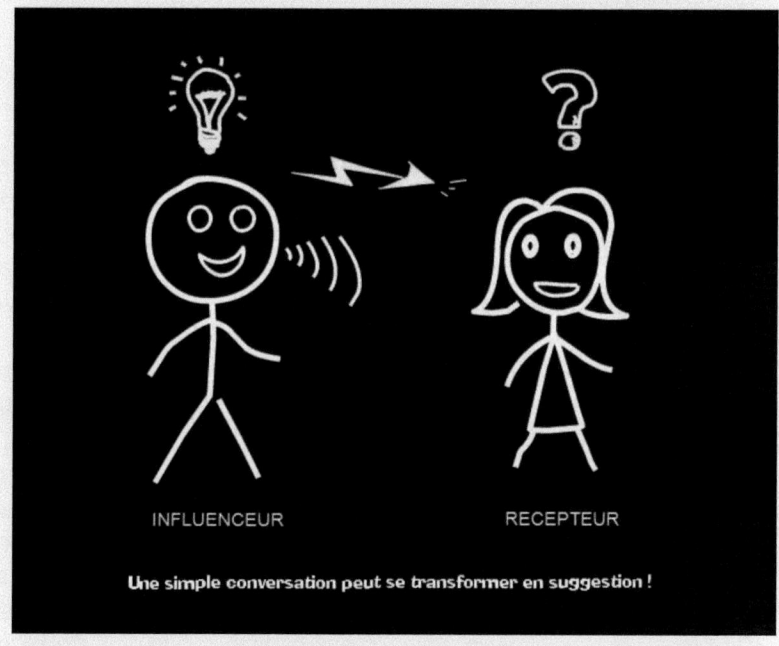

Une simple conversation peut se transformer en suggestion !

Presque tous les phénomènes de la conscience ne seraient, à partir de là, que des actes auto suggestifs.

Que la suggestion vienne du dehors, ou bien qu'elle prenne naissance en nous-même, les détails de son mécanisme sont faciles à comprendre si l'on connaît le rôle de chacun des composants de notre individualité que sont :

-le corps physique
-l'astral
-le mental

Notre corps physique n'est que l'instrument de l'astral (que l'on appelle aussi aura ou périsprit, sorte d'enveloppe subtile entourant le corps humain) et du mental. Il est comme la pioche entre les mains de deux ouvriers qui se remplaceraient tour à tour pour faire un travail n'exigeant pas les mêmes aptitudes.

Rappelons que l'aura ou astral est un concept de l'ésotérisme. Le terme désigne un contour coloré, comme un « halo de lumière » qui rayonnerait autour du corps ou de la tête d'un être vivant et qui serait la manifestation d'un champ d'énergie ou d'une force vitale

Les suggestions sont des actes exécutés par l'astral, conscience inférieure ou subliminale, être impulsif ou subjectif, qui dirige complètement les fonctions physiques pendant le sommeil, et plus ou moins complètement dans tout autre état voisin dans lequel le mental, c'est-à-dire la conscience supérieure, l'être objectif, n'exerce pas une surveillance active.

Dans le sommeil hypnotique, le mental se repose et donc ne gouverne pas l'organisme. Les suggestions entrent directement sous la seule influence de la volonté émanant de l'hypnotiseur, non pas dans la conscience supérieure, mais dans l'inférieure. Elles sont exécutées à l'insu du mental tout comme dans le cas de la rêverie. Elles pénètrent en quelque sorte par surprise et ont de grandes chances d'être exécutées, car le mental, qui les connaît à peine, ne leur oppose aucune résistance.

A l'état de conscience pleine et entière, la suggestion peut encore pénétrer dans la conscience inférieure si celle-ci est volontairement ouverte, comme lorsque le sujet demande de lui-même à être suggestionné pour une raison quelconque.

Considérées ensemble, les fonctions du mental et de l'astral forment à peu près ce que les philosophes appellent l'entendement dans lequel l'intelligence et la sensation interfèrent.

Considérées séparément, elles constituent la fonction active qui appartient au mental et la fonction passive qui est celle de l'astral.

Les deux fonctions coexistent chez tous les individus, mais à des degrés très divers. L'homme fort, résolu, volontaire, est surtout gouverné à l'état de veille par la fonction active qui domine l'autre ; l'irrésolu, qui obéit instinctivement et d'une façon automatique, est au contraire gouverné le plus souvent par la fonction passive.

Le premier est capable de suggérer, d'imposer sa volonté ; il ne reçoit que peu de suggestions. Le second au contraire est toujours plus disposé à recevoir les suggestions qu'à les donner, donc à obéir plutôt qu'à commander.

31

Mais l'un comme l'autre, reçoivent ou repoussent, de façon constante, selon leur degré d'activité, des incitations suggestives nombreuses qui leur viennent du dehors.

La suggestion s'exerce, à des degrés divers, chez le plus grand nombre d'entre nous, même et surtout lorsque nous y pensons le moins.

Nous devons apprendre à la reconnaître, à la dominer ou à l'accepter, autant pour éviter les dangers auxquels elle nous expose que pour profiter des avantages qu'elle est susceptible également de nous apporter.

Bernheim définit la suggestion en 1886 comme une « idée conçue par l'opérateur, saisie par l'hypnotisé et acceptée par son cerveau »

Deux mots sur Hippolyte Bernheim, il le mérite. Né à Mulhouse le 17 avril 1840 et mort à Paris le 22 février 1919, il a été un professeur de médecine et neurologue français, célèbre dans le cadre de l'histoire de l'hypnose et de la psychothérapie. C'est un de ceux qui a influencé grandement Emile Coué dans ses recherches. Grand spécialiste de l'hypnose, il s'est souvent opposé à Charcot en ce domaine.

Il est certain que la suggestion a une particulière importance en éducation. A ce propos suivons les sages conseils d'Emile Coué, précurseur –mais oui - de la pédagogie positive :

« Si un enfant est paresseux et ne fait jamais que de mauvais devoirs, on devra lui dire un jour, alors même que cela ne serait absolument vrai : « Ah !

aujourd'hui tu as mieux fait que d'habitude, c'est bien, mon petit ! » L'enfant, flatté de cet éloge auquel il n'est pas habitué, travaillera certainement mieux la fois suivante et peu à peu, grâce à des encouragements donnés avec discernement, il arrivera à devenir réellement travailleur. »

Autre conseil concernant l'importance de la persuasion ou suggestion prodiguée aux jeunes : « leur apprendre surtout que chacun doit partir dans la vie avec l'idée bien précise, bien arrêtée, qu'il arrivera et que, sous l'influence de cette idée, il arrivera fatalement, non pas qu'il doive tranquillement attendre les évènements, mais parce que, poussé par cette idée, il fera ce qu'il faut pour cela ; il saura profiter des occasions ou même de l'unique occasion qui passera près de lui tandis que celui qui doute de lui-même c'est le Constant La Guigne, à qui rien ne réussit, parce qu'il fait tout ce qu'il faut pour ne pas réussir. »

La suggestion sur soi-même ou autosuggestion, que nous venons d'entrevoir et dont nous allons parler maintenant, va tenir la plus large place de notre étude.

Avec elle, nous sommes en quelque sorte seul en scène. En effet, du point de vue du développement de notre personnalité, nous en sommes personnellement l'instigateur puisque nous la choisissons. Nous en sommes également l'acteur puisque c'est nous qui la mettons en place.

L'autosuggestion, bien utilisée, est capable de nous rendre les plus grands services.

« LA SUGGESTION EST UNE IDÉE
CONÇUE PAR L'OPÉRATEUR,
SAISIE PAR L'HYPNOTISÉ
ET ACCEPTÉE PAR SON CERVEAU »

HIPPOLYTE BERNHEIM

V - Les deux faces de l'autosuggestion

Les deux facettes de l'autosuggestion sont l'une négative et l'autre positive.

L'autosuggestion négative que nous aborderons d'abord ici en quelques mots, est la cause du stress, des idées noires, de la dépression. Elle engage le sujet dans une impasse dont il aura parfois grand mal à se sortir, celle des ennuis à répétition et de la malchance continuelle.

Vous en connaissez peut-être de ces personnes à qui rien ne réussit et qui semblent attirer tous les malheurs du monde. Certaines sont tellement habituées à rater tout ce qu'elles entreprennent qu'elles ne s'attendent plus à rencontrer le moindre succès. Cela dans tous les domaines de leur vie personnelle. Elles vont par exemple d'échec en échec dans leur vie sentimentale et mettent cela sur le fait de la destinée.

Qu'en est-il en réalité ? Eh bien c'est très simple, ce n'est pas la destinée qui est cause de leur malheur mais leur propre personnalité. Elles ne savent pas éviter les ennuis et de ce fait, paraissent même les rechercher.

La loi d'attraction est à nouveau vérifiée : les idées négatives attirent les ennuis, les idées positives aident à la réussite !

Pour illustrer notre propos, prenons un exemple d'ennui d'une importance très relative, celui des personnes qui, ayant peur des chiens, sont pétrifiées quand elles les rencontrent. Elles s'arrêtent et n'osent plus bouger. Vous pouvez être sûrs que le chien va venir vers elles.

Dans un cas assez semblable, une de mes amies d'enfance, devenue hôtesse de l'air, avait la phobie des chats. Incapable de les caresser, elle semblait les attirer partout où elle allait. Elle en voyait parfois où il n'y en avait pas. Elle dut démissionner de son emploi parce qu'à plusieurs reprises, au cours de ses voyages, elle avait dû, pour aider des passagers, porter des cages contenant des chats. Il lui fallait à chaque fois plusieurs jours pour s'en remettre.

Si les personnes victimes de telles phobies sont à plaindre car elles sont excusables, il en est d'autres qui se complaisent dans leurs ennuis. Elles ne peuvent s'imaginer autrement qu'au milieu des tracas. Comme si elles ne pouvaient pas s'en passer. En ne faisant rien pour les éviter elles semblent les rechercher. Elles sont donc condamnées jusqu'à la fin de leurs jours à rencontrer des échecs et des malheurs dans tous les domaines.

Ces personnes sont victimes d'un comportement inadapté aux circonstances rencontrées et ne savent pas en changer. Parmi elles beaucoup sont des pratiquants de l'autosuggestion négative. L'image qu'elles ont d'elles-mêmes les représente en victimes ou en perdants : leurs pensées et leur comportement vont alors dans le même sens et consolident à tout jamais cette image.

On est alors dans une sorte d'autodestruction qui, à défaut d'une prise de conscience suivie d'un soutien psychologique sérieux et durable, ne peut qu'engendrer un avenir médiocre ou malheureux.

Ne vous focalisez donc pas sur ce que vous ne voulez pas. Car ce sur quoi vous portez votre attention surgit, grandit et vous entraîne... sur le chemin que vous voulez éviter.

Ainsi en voiture ou sur votre vélo à vos débuts, si vous voulez éviter le mur ou le trottoir, ne regardez pas le mur ou le trottoir mais portez plutôt votre regard au-delà de l'obstacle, droit devant le véhicule ! Faites de même quand vous conduisez un voilier ou un bateau à moteur, l'obstacle s'évite quand on l'aperçoit au loin, pas quand on est dessus.

De façon générale, si vous repérez un obstacle, pour l'éviter portez votre regard à côté de l'obstacle, là où vous voulez aller.

Le funambule qui traverse un fleuve sur son fil ne regarde pas ses pieds mais le fil loin devant lui vers la rive opposée où il doit parvenir.

Pour les ennuis que vous voulez éviter, il en est de même. Si vous y pensez, vous pouvez être sûr qu'ils vont au contraire vous rattraper. La visualisation du négatif entraîne le négatif... Si vous vous retrouvez dans la description précédente il va falloir pour votre bien changer radicalement de comportement.

Si vous vous morfondez dans votre coin après un échec, vos idées négatives vont s'entretenir et même s'amplifier, vous entrainant vers l'inquiétude, le stress. La dépression n'est pas loin. La persistance de l'atmosphère et l'environnement négatifs dans lesquels vous évoluez vous amènent à douter de vous. La confiance en soi disparait : attention, danger !

Comment vous en sortir ? Eh bien, ne cherchez pas à éviter le négatif, pensez plutôt à atteindre le positif : la démarche est très différente ! Le positif sera atteint par un effort de création imaginative, c'est le concept de la visualisation positive.

Vous êtes passé de l'autosuggestion négative à l'autosuggestion positive, la seule qui doit régir votre existence.

Cette autosuggestion positive, la seule dont nous parlerons désormais dans la suite de ce fascicule, offre à chacun d'entre nous la capacité de vaincre la crainte, la timidité, les échecs répétés pour lui apporter assurance, confiance en soi et réussite.

C'est celle du gagnant, qu'il soit artiste, sportif, étudiant, entrepreneur, inventeur, militaire ou politique. C'est aussi celle qui vous assurera le bonheur et la joie de vivre.

« CELUI QUI A DE L'ESPOIR VOIT LE SUCCÈS OÙ D'AUTRES VOIENT L'ÉCHEC, ET LE SOLEIL OÙ D'AUTRES VOIENT LES TÉNÈBRES ET LA TEMPÊTE. »

O.S. MARDEN

VI - L'Autosuggestion positive

L'autosuggestion positive peut donner l'énergie et le courage à ceux qui en manquent, permettre de prendre de bonnes habitudes en lieu et place des mauvaises que l'on a prises.

Elle peut aussi faire disparaître des malaises passagers, diminuer la douleur, guérir certaines maladies nerveuses, augmenter l'endurance, développer et fortifier la volonté, réussir certaines prouesses dont vous ne vous croyiez pas capable.

Si vous savez la domestiquer et l'utiliser à bon escient, l'autosuggestion positive constituera donc un formidable outil de développement personnel. Vous pourrez alors grâce à elle améliorer vos capacités tant physiques que psychiques ou professionnelles.

Le maître en la matière fut sans conteste **Emile Coué** si apprécié aux Etats-Unis qu'on l'y surnomma « le marchand de bonheur ». Rappelons que Coué, loin d'être un utopiste ou un charlatan amusant, était pharmacien de son état. Il entreprit des études de psychologie appliquée à l'âge de trente ans.

Le génial pharmacien se définissait ainsi :

« Mon rôle n'est pas de guérir les gens, mais simplement de leur enseigner comment ils peuvent faire pour s'aider eux-mêmes, s'améliorer eux-mêmes et se guérir eux-mêmes quand la guérison est possible. Quant aux résultats qu'ils obtiennent, je leur laisse le bénéfice de la réussite aussi bien que la responsabilité de l'insuccès car l'un et l'autre dépendent d'eux seuls.(...) Ce que je vous dis là, vous devez le croire pour deux raisons : la première c'est que je dis la vérité ; la seconde c'est que votre intérêt vous commande de me croire. »

Cette seconde affirmation est d'ailleurs un des fondements sous-jacents de la psychologie moderne : pour que "ça marche" il est nécessaire en effet de croire que les résultats promis vont ou, au moins, ont des chances d'arriver.

Si vous êtes incrédule, votre esprit, de façon consciente ou inconsciente, votre corps, vos gestes, vos actes vont être un frein à la réussite qu'au fond de vous-même vous n'attendez pas vraiment ou n'espérez pas. Autrement dit, dans ce cas-là tout se passe comme si vous vous attendiez à un échec. Ce dernier alors, vous pouvez en être sûr, ne manquera pas d'arriver !

Citons encore Emile Coué pour sa définition simple de l'autosuggestion :

« Que faut-il donc faire pour s'aider, s'améliorer et se guérir soi-même ? Pour cela, il faut tout simplement apprendre à employer consciemment et bien un instrument que chacun de nous possède à sa naissance, commence à employer dès ce jour-même et continue à employer toute sa vie, nuit et jour, jusqu'au moment où il rend le dernier soupir, et cela sans le savoir. Cet instrument n'est pas autre chose que l'autosuggestion que l'on peut définir : l'action de s'implanter soi-même une idée dans l'esprit. »

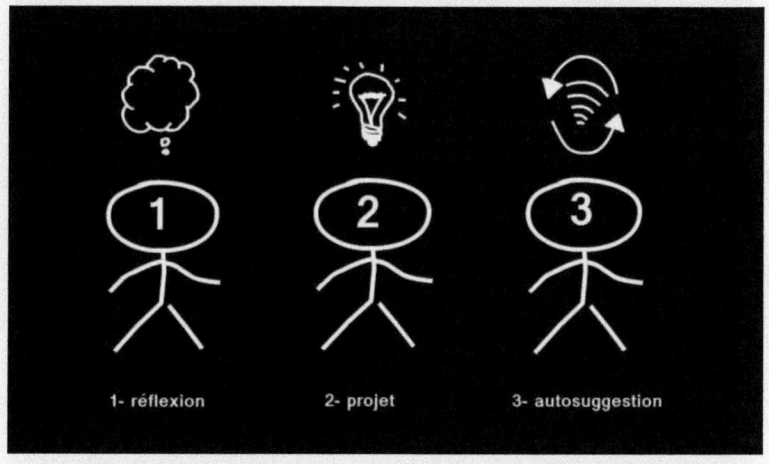

les trois temps nécessaires à une autosuggestion

Pour pratiquer efficacement l'autosuggestion positive il est nécessaire, plus encore que pour les exercices précédents, de s'isoler, de méditer sur les inconvénients du défaut dont on veut se débarrasser, et surtout sur les avantages de la qualité que l'on veut acquérir, puis de concentrer sa pensée sur le point principal, pendant 8 à 10 minutes.

Le processus d'autosuggestion est un phénomène réflexif...

Il ne faut pas transformer la tâche que l'on entreprend en une tâche pénible, ne pas contracter les muscles, ni serrer les dents, ni prendre un air menaçant, mais se raisonner avec calme, le plus souvent mentalement ou à demi voix, et <u>ne mettre la volonté en jeu que le moins possible</u>, seulement pour maintenir l'attention. Vous vous placez bien à votre aise, soit assis, soit couché. Une sorte de relâchement est nécessaire pour que la fonction passive puisse prendre le gouvernement de l'organisme. En se reportant à la théorie qui précède, on comprend que la volonté pourrait être ici plus nuisible qu'utile, car elle est une fonction du mental, et celui-ci n'a rien à faire avec les suggestions qui sont reçues et exécutées par l'astral que nous avons défini plus avant.

Il faut ensuite remplacer dans son esprit les mots par les choses qu'ils représentent, autrement dit matérialiser sa pensée en lui donnant un corps avec des formes aussi bien définies que possible, mettre le corps en mouvement, le voir sous tous les aspects qu'il peut présenter, et pour se servir d'une expression empruntée au langage philosophique, rendre concret ce corps créé par la pensée. Il faut faire comme l'artiste qui entre dans la peau du personnage qu'il représente, car ici la représentation imaginaire joue un rôle créateur très important.

Il est indispensable de s'imaginer être déjà ce que l'on veut devenir, se figurer que l'on possède réellement les habitudes que l'on veut prendre, les avantages que l'on veut obtenir, et comme je viens de le dire, donner une forme à chacun d'eux, en pensant concret. On est ici dans ce que l'on appelle un mécanisme de **visualisation positive**.

Ainsi, pour faire cesser la crainte, obtenir l'assurance et la pleine confiance en soi, il ne faut pas dire: « Je ne veux plus avoir de crainte, je veux avoir toute confiance en moi et réussir ce que je vais entreprendre ».

En effet la volonté seule ne permet pas d'y parvenir. Exception faite bien entendu chez les individus de très grande volonté. Chez ces derniers la fonction active est devenue assez puissante pour dominer entièrement la fonction passive.

Il vaut mieux, pour tous ceux qui n'ont pas cet atout, c'est à dire le plus grand nombre d'entre nous, que la volonté s'efface, pour laisser pendant le temps qu'on se livre à l'autosuggestion, la direction de l'organisme à la fonction passive.

On emploiera alors simplement une affirmation et l'on prononcera cette phrase : « Je suis sans crainte, ma timidité a disparu, j'ai toute confiance en moi, car j'ai tout ce qu'il faut pour réussir ». On pourra la prononcer tout d'abord à haute voix, puis de plus en plus bas comme pour se l'approprier et enfin la répéter à l'intérieur de soi-même sans qu'elle soit audible par quelqu'un d'autre.

Même si nous n'y apportons pas tout d'abord toute notre attention, ces formules répétées de façon machinale un grand nombre de fois finiront par laisser entrevoir peu à peu l'idée qu'elles représentent. Puis, nous nous attacherons à préciser cette idée, à lui donner des contours mieux définis, une forme plus concrète, plus vivante.

Nous nous verrons alors ainsi tels que nous voudrions être, par exemple vigoureux, sûrs de nous et pleins de santé. Plus l'idée gagnera en précisions, plus elle deviendra image et plus sa réalisation deviendra sûre.

Pour résumer, on peut dire que <u>ce que l'on concevra bien se réalisera plus aisément</u>.

A titre d'exemple, imaginons le cas de pensées douloureuses que nous désirons dissiper. Bien que l'autosuggestion ait été effectuée, la douleur persiste aussi vive. Il apparait donc sur l'instant qu'il n'y a aucun résultat. Quelque temps après, le hasard nous ramenant à ce souvenir jusque-là douloureux, on s'aperçoit alors avec surprise que la douleur a déserté. On serait tenté de conclure à une simple coïncidence, si l'on ne se rappelait alors l'intensité de la douleur primitive, et si, raison plus convaincante encore, le fait ne s'était pas produit déjà à plusieurs reprises dans d'autres circonstances.

Que se passe-t-il donc réellement dans de tels cas ? L'idée correctrice que nous avons essayé d'introduire dans l'esprit, une fois que l'attention consciente s'en est détournée, n'en a pas moins continué à y tracer son chemin à notre insu et sans que nous nous en rendions compte ; peu à peu elle a alors entamé le souvenir douloureux que l'on voulait combattre pour finalement en triompher !

Dans notre exemple, la douleur a été si bien dissipée que le souvenir même s'en est effacé : preuve, s'il en était besoin, que l'idée d'une douleur et cette douleur elle-même se confondent.

De même, comme dans l'exemple précédent, des faits doivent être bien connus et soigneusement contrôlés à l'occasion par qui veut se persuader de la réalité comme de l'efficacité de l'autosuggestion.

Le recueillement, c'est bien là l'état de l'esprit qui isole de toutes choses, de toutes sensations, de toutes pensées. L'esprit se replie tout entier sur un coin de lui-même. Puis, dans le calme, sans tension, sans effort, sans fatigue, il engendre quelques idées préalablement choisies grâce à l'attention purement contemplative qu'il leur accorde.

On saura colorer, vivifier l'idée en se représentant le plaisir qu'on éprouve à se dominer soi-même, l'usage que l'on pourra faire de la santé recouvrée, etc. Nous nous peindrons énergiquement les joies calmes du travail, l'avantage qu'il y a à régler harmonieusement sa vie, la satisfaction que ressentiront à notre succès les personnes qui s'intéressent à nous, etc.

Tous ces sentiments, passés de façon progressive de la pénombre à la pleine lumière de l'attention que nous projetons sur eux, atténueront peu à peu l'éclat des sentiments opposés, puis finiront par les effacer.

Pour parvenir à utiliser avec quelque efficacité l'autosuggestion, il faut en avoir acquis une bonne pratique. Pleins d'ardeur, il en est qui vont se mettre avec entrain à la tâche, la pratiquer convenablement pendant plusieurs jours et en retirer parfois même quelques avantages. Puis, au bout de quelque temps, sans savoir ni pourquoi ni comment, ils n'y pensent plus et ils ne font plus rien.

Or, et c'est là le point essentiel, le sujet doit s'habituer à pratiquer l'autosuggestion positive de façon régulière et persister jusqu'au succès s'il veut être efficace. Sa tâche lui sera facilitée s'il observe rigoureusement le mode opératoire qui suit.

> Dès le premier jour, on pratiquera très régulièrement deux autosuggestions, une le matin au réveil et l'autre le soir avant de s'endormir. Ces deux suggestions serviront, en quelque sorte, de point de repère. Elles ne devront être négligées sous aucun prétexte, quelle que soit la hâte que l'on ait à se lever ou à sombrer dans le sommeil. Ce sera déjà un excellent exercice de volonté que cette violence régulièrement faite à notre paresse naturelle, que cet arrêt imposé par nous à toutes les autres pensées, à toutes les autres préoccupations.

On procédera tout d'abord à une sorte d'examen de conscience physique et morale, de critique de la journée passée, de préparation à la journée à venir. On récapitulera les modifications que l'on désire apporter à sa manière d'être ainsi que les qualités que l'on veut implanter en soi, maintenir ou bien développer.

Viendra ensuite le temps de l'autosuggestion proprement dit en appliquant très soigneusement les règles indiquées.

L'habitude de se suggestionner s'affermira peu à peu. Les échecs deviendront même un enseignement pour le sujet. Ils lui feront comprendre la nécessité de bien imprégner son esprit des divers procédés permettant de renforcer l'autosuggestion.

Après un certain temps de pratique, le sujet deviendra plus expert dans l'art de se suggestionner. Il se laissera beaucoup moins facilement submerger par ses sensations ou par ses passions ; il apprendra même parfois à en tirer bénéfice.

◉ Mode opératoire pour s'autosuggestionner

Emile Coué recommandait de pratiquer l'auto-suggestion lors de l'endormissement ou du réveil. Il en constata les effets tant sur les soins de la timidité ou de phobies que sur des symptômes physiologiques comme les maladies de peau, par exemple.

D'après lui, l'inconscient est plus fort que le conscient mais il est possible d'en prendre le contrôle. L'imagination peut aussi bien rendre le corps malade que le guérir...

> *« Etendez-vous sur une chaise longue ou sur un fauteuil de façon à avoir le plus d'aise et de confort possible, et dans cette position, détendez-vous, allongez-vous, amollissez-vous comme si vous vouliez vous affranchir, vous dégager de votre enveloppe charnelle. Cela fait, respirez avec autant de lenteur et de profondeur que possible et ne cessez ces exercices de respiration que lorsque vous aurez acquis cet état d'esprit qui est le parfait repos et l'absolue sérénité. »*

> *« Concentrez votre attention sur vous-même et maintenez-vous dans cet état de recueillement, aussi longtemps que possible. »*

> *« Fixez alors votre pensée sur ces deux mots : sans crainte, et cherchez à vous en représenter la forme graphique. Puis passez de l'image à la signification*

et représentez-vous ce que peuvent être les caractéristiques d'une personne qui est dans cet état. »

« Imaginez-vous en possession de la qualité que vous voulez acquérir et, agissant sous l'empire de cette qualité, considérez-vous dans cet état, en relation avec les autres êtres et cherchez à analyser ces relations ; en un mot, soyez dans l'état d'esprit de quelqu'un qui, après avoir fait un rêve, le vit et se donne, pour agrandir sa vie et ennoblir sa nature, de hautes impressions, de fortes sensations et de grands sentiments. »

« Il arrivera presque toujours que votre état général se transforme et que votre personnalité se dégage du milieu gris et terne qui l'enveloppe. Vous serez alors tel que vous aurez rêvé d'être et votre moi aura pris la forme précise et la structure morale que vous aurez ambitionnées pour lui. »

«Répétez ces exercices aussi souvent que possible. Chacun d'eux est comme la goutte d'eau qui tombe sur la pierre. Leur action, lente mais sûre, finit toujours par avoir raison des vieilles habitudes et des tendances rebelles. Pratiquez ces exercices de préférence le soir, au moment où vous arrivez dans votre chambre, ou la nuit à vos heures d'insomnie, ou de demi-réveil, lorsque votre esprit, replié pour ainsi dire sur lui-même et à demi assoupi, est prêt à recevoir toutes les empreintes et toutes les suggestions. Ne craignez point que ces exercices vous fatiguent, ils vous faciliteront au

> *contraire le repos. En calmant vos nerfs, en apaisant votre esprit, ils vous conduiront doucement au sommeil »*
>
> *«Il faut bien se garder de croire que les deux mots : "sans crainte" soient les seuls dont on puisse faire usage. En réalité, le mot qui convient est celui qui exprime la qualité que l'on veut acquérir. Etes-vous par exemple indolent, apathique, et voulez-vous changer votre nature? Vous avez recours au mot énergie, et pendant toute la durée de vos expériences vos pensées devront se fixer sur ce mot et l'imaginer, pour mieux y parvenir, sous une forme graphique. Nous pourrions en dire autant des mots bonté, courage, désintéressement, qui pourront, selon les défauts de votre caractère, intervenir dans l'expérience. »*

Dans tous ces exercices, ne vous laissez pas dominer par les défauts qui vous accablent, et ne pensez qu'aux qualités que vous voulez acquérir. Autrement dit, ne pensez qu'au positif... C'est votre seul objectif. Là est votre salut !

Vous pouvez à l'occasion vous servir de votre propre image, que ce soit dans un miroir, dans la pénombre ou dans l'obscurité. Vous pouvez vous fier uniquement à votre imagination quant à la personne que vous voulez devenir. Parlez d'une manière naturelle sur n'importe quel sujet, tout extraordinaire qu'il soit, mais préparez à l'avance chaque phrase de votre conversation.

Adressez-vous alors à la personne imaginaire d'une voix forte, pleine que vous n'abandonnerez pas sous aucun prétexte, même si vous vous adressez à elle dans l'obscurité. Au contraire, imaginez la lumière pour que l'image paraisse la plus réelle possible

.« Est-il besoin de dire que le résultat ne sera pas instantané, et qu'il exigera au contraire de lents efforts et des expériences variées. Vous ne devrez pas toutefois vous en effrayer et c'est de toute énergie, de toute votre intelligence, de toute votre volonté que vous travaillerez à votre émancipation »

(William Walker Atkinson, auteur de « The Law of New Thought »)

Pour acquérir l'assurance et la confiance en soi, voyons un procédé qui donne les meilleurs résultats.

Vous avez par exemple une affaire assez délicate à traiter demain avec un personnage que vous connaissez pour être intraitable, ou que vous supposez être tel sans le connaître. Vous pouvez faciliter cette entrevue et la rendre plus avantageuse pour vous qu'elle ne le parait.

Pour cela, placé dans un endroit quelconque où l'on ne risque pas d'être dérangé, dans sa chambre, par exemple, on s'exerce sur un personnage imaginaire que l'on crée tel qu'on le connaît ou qu'on le suppose être, on le place debout, ou mieux encore, assis dans l'attitude qu'il doit naturellement prendre à votre entrevue, et l'on procède de la façon suivante :

D'abord, respirez lentement, longuement pendant cinq minutes, aspirez l'air de toute la force de vos poumons, puis expirez d'une manière lente et uniforme. Dressez-vous alors vivement sur vos pieds, et parlez à cette personne imaginaire comme si elle se trouvait là. Accentuez bien chaque syllabe et arrêtez-vous un peu. Il faut que vos paroles résonnent et sortent directement de votre poitrine. Parcourez la chambre à grands pas, menacez du doigt, gesticulez d'une manière tragique, enfin, dites et faites tout ce que vous auriez désiré dire et faire si la personne à qui vous parlez était réellement devant vous...

Une demi-heure de cet exercice peut être régulièrement effectué quand vous vous sentirez abattu ou que vous voudrez augmenter votre confiance en vous. L'exercice produit un effet surprenant.

Il est souvent utile de se servir ainsi du pouvoir de l'autosuggestion au moyen de la parole, exprimée avec force, pour obtenir un résultat. Demandez ce dont vous avez besoin, demandez-le comme quelque chose qui vous appartient et qui vous est due. Ce procédé, que l'on peut varier plus ou moins selon les circonstances, rend de grands services dans de très nombreux cas

A la veille d'un examen, par exemple, on se figure être devant l'examinateur posant les questions du programme que l'on connaît le moins, on cherche à répondre à celles-ci dans tous les détails, avec la hardiesse et toute l'assurance que l'on aurait si on les connaissait de façon parfaite.

On parlera seul et fort pour affirmer sa confiance en soi...

Il en est de même pour un conférencier ou un orateur qui doit parler dans quelques jours d'un sujet déterminé. En se représentant devant l'auditoire tout entier, plus ou moins disposé à vous entendre, on parle à haute et intelligible voix, en faisant tous les gestes que l'on doit faire pour donner plus de force à son discours. On se figure être au milieu de ses auditeurs, on peut même se placer devant une glace et observer tous ses gestes pour corriger ceux qui sembleraient défectueux.

Ce procédé peut paraître banal. Il est pourtant couramment utilisé par la plupart des grands chefs d'entreprise et des personnages politiques.

Pour devenir meilleur, il faudra savoir aussi résister à ses passions et ne jamais se laisser rattraper par ses instincts.

En effet, en se laissant par exemple aller à la colère, celle-ci laisse une trace. Même si, après quelques minutes, tout rentre à peu près dans l'ordre, il restera chez le sujet une tendance plus grande à l'irritabilité : il risque fort alors de se remettre en colère à la moindre contrariété.

Si au contraire il a su résister au mouvement de colère, aucune trace ne verra le jour et la colère finira peu à peu par ne plus avoir de prise sur le sujet.

On est en présence d'une loi que l'on peut en substance formuler ainsi :

" Chaque fois que l'on cède à une passion, y résister à l'avenir devient plus difficile. Chaque effort tendant au contraire à la réprimer rend la victoire suivante plus facile. "

Michel Lévy, célèbre médecin du XIXème siècle, responsable des services de Santé sous le Second Empire, s'exprime ainsi à ce sujet :

« *Si chacune de nos pensées, de nos sensations, chacun de nos sentiments, de nos mouvements, de nos actes, n'était qu'un fait passager, une simple réponse de l'organisme à une sollicitation extérieure disparaissant avec la cause même qui l'a provoquée, la vie ne serait qu'un perpétuel recommencement, ou mieux, elle serait à peine possible ;*

l'homme resterait aussi peu habile à se conduire qu'il l'est au jour de sa naissance. »

En réalité, les choses ne sont pas tout à fait aussi simples. Tout fait physique ou psychique, si léger soit-il, nous marque de son empreinte et dépose en nous une sorte de trace.

Cette trace constituera désormais une tendance de comportement. C'est, en somme, constitué par ce premier fait, le début de nouvelles habitudes. Le même fait vient-il à se répéter ? La tendance à la reviviscence s'accentue alors. Enfin, au degré le plus élevé, l'habitude s'affermit, s'enracine si profondément dans l'individu que désormais elle fait, à son insu, corps avec lui-même, sans qu'il en ait la moindre conscience.

Bien plus, tandis que jusque-là il lui fallait un effort pour avoir un comportement donné, maintenant il lui faudrait faire effort pour empêcher qu'il se produisît. L'habitude est devenue besoin, une sorte d'instinct acquis, inconscient et impérieux.

C'est grâce à l'habitude que les phénomènes de conscience, une fois produits, demeurent en nous, ignorés de nous-mêmes et pourtant prêts à resurgir sous l'influence d'une circonstance favorable ou d'un puissant effort d'attention.

Voulant donner des exemples, le même auteur ajoute :

« *Le sujet qui résiste aux premières nausées produites par le tabac, crée en lui l'habitude de fumer. Dès lors, aux sensations pénibles d'abord éprouvées, il substitue peu à peu une jouissance, effet, non du tabac, mais de la satisfaction donnée à l'habitude créée. Plus tard, l'habitude devient besoin de fumer, sorte de tic d'où tout plaisir est banni, tout au moins ce plaisir, inconscient dans la possession, ne devient-il conscient, et cruellement conscient, que s'il y a privation.*

De même le plaisir du buveur s'émousse de plus en plus, mais le besoin de boire s'accentue sans cesse : le goût pour la boisson est devenu une dipsomanie. Le morphinomane passe par les mêmes phases, il s'est d'abord piqué par nécessité, puis par plaisir. Bientôt le plaisir n'existe même plus, mais le besoin de morphine n'en devient que plus vif et plus exigeant.

De même enfin, il est une foule de manifestations, de pathologies chroniques qui s'expliquent tout naturellement à la lumière de cette théorie... que ce soient des palpitations, une syncope, une crampe d'estomac, une crise de diarrhées, un tic, un tremblement, un spasme, etc. Ces phénomènes sont survenus sous l'influence d'une secousse morale ou physique violente ? Il suffira alors, pour les voir réapparaître, d'émotions progressivement de plus en plus faibles. A la fin, la production en deviendra tellement aisée qu'ils sembleront naître d'eux-mêmes, la cause provocatrice devenant si faible qu'elle n'est même plus perçue. »

L'homme se laisse souvent gouverner par son côté impulsif, (passions, envies, instincts, habitudes), c'est à dire par l'être subjectif qui est en lui, plutôt que par sa raison. On peut dire que la plupart des êtres, même quand ils sont doués d'une certaine volonté, croient alors agir volontairement dans leur propre intérêt. Ils sont en réalité plus ou moins soumis à leurs besoins impulsifs.

Cette remarque n'a pas échappé à Gérard Encausse qui l'expose avec beaucoup de clarté :

« *Supposons qu'après des atermoiements successifs, dit-il, après des crises de paresse et de pessimisme, vous vous soyez enfin attelé à votre travail de réalisation intellectuelle. Vous vous figurez que l'effort de volonté que vous avez dépensé pour en arriver là est le seul nécessaire et que, maintenant, tout va marcher sans encombre.*

Mais à peine êtes-vous sur le point d'écrire ou de dessiner qu'un immense besoin de sortir et de marcher s'empare de votre être. Il vous semble que, dehors, l'idée actuellement quelque peu obscure va se préciser. Ce besoin prend bientôt une telle importance que, si vous n'y êtes pas habitué, vous vous levez, vous laissez là votre travail et vous sortez.

Vous avez ainsi succombé au piège tendu par l'être impulsif que le repos physique accablait ; bien entendu votre idée n'est pas plus claire qu'auparavant, loin de là. Dans un tel cas, c'est le centre instinctif, dont la marche est moyen d'action caractéristique qui a trompé votre vigilance.

Supposons à présent que vous connaissiez déjà ce piège et, qu'au lieu de céder, votre volonté se tende au contraire vers l'effort à accomplir ; alors l'être impulsif se manifeste d'une autre façon.

Le besoin d'action disparaît comme par enchantement et une soif assez vive se fait sentir progressivement, à mesure que le travail cérébral s'accentue. Encore un piège du centre instinctif, car chaque gorgée de liquide absorbée entraîne à ce moment une partie de la force nerveuse dans le cerveau et reculera ainsi d'un peu la réalisation projetée.

Mais vous dominez encore cette sensation et la plume écrit enfin sur le papier. Alors les autres centres impulsifs entrent en action. Les besoins physiques se taisent, mais des émotions sentimentales viennent les remplacer. Les images des luttes et des affections passées, des ambitions de demain se dessinent peu à peu.

Une force, en apparence invincible, vous pousse à laisser tomber la plume, à vous renverser en arrière et à laisser aller votre esprit à la douceur mélancolique ou à l'ardeur impétueuse des rêveries qui s'ébauchent. Combien de jeunes écrivains peu aguerris se laissent ainsi prendre à la tentation, et combien de fois l'œuvre reste-t-elle encore en suspens...

Et nous ne parlons pas de l'action combinée du besoin d'activité et des sentiments qui s'ajoutent *souvent à ces deux impulsions isolées. Ce sont là des réactions que chaque auteur croit personnelles et qui ne sont dominées que par une habitude instinctive de régularité très grande dans le travail, ou par l'âge.* »

La cause de cette action impulsive étant connue, on peut généralement en éviter les effets par la volonté seule. Mais si la volonté est insuffisante, comme chez la grande majorité des personnes, on en viendra à bout en employant les procédés d'autosuggestion. Voyons comment.

Après s'être isolé et avoir médité pendant 5 à 6 minutes sur les avantages qu'il y a pour nous à travailler sérieusement, on fixera sa pensée sur ce seul mot "travail", et en se donnant une tâche, on prendra l'engagement formel de l'accomplir. On fera tout son possible pour se donner des habitudes d'ordre et de travail qui, peu à peu, feront oublier les habitudes de flânerie et d'irrégularité.

On s'aidera beaucoup pour cela en se persuadant que si nos croyances, notre manière d'être, nos habitudes se cramponnent à nous, c'est parce que nous nous cramponnons à elles...

Pensons donc toujours à prendre de bonnes habitudes et celles-ci ne tarderont pas à se fixer à nous pour ne plus nous quitter.

Les plus grands ennemis de l'homme sont certainement l'ennui, la paresse, la tristesse ainsi que le découragement. Ces sentiments en effet paralysent l'initiative, abaissent et même dégradent la personnalité. Ils ruinent notre énergie et nous font toujours craindre des maux qui ne nous arriveront probablement et heureusement jamais.

Comme exposé plus haut, on peut résumer les choses en quelques mots. Les pensées portant ennui, tristesse et découragement que nous émettons, rayonnent autour de nous en attirant des pensées analogues qui viennent ainsi entretenir les nôtres et augmenter encore leur énergie négative.

En nous tourmentant, en nous laissant aller au chagrin, en redoutant de faire une bêtise, en pensant sans cesse que ceci ou cela ne va pas réussir comme nous le voudrions, nous finissons par créer des forces destructrices qui agissent tout autour de nous.

Celles-ci diminuent alors notre énergie, notre volonté. Elles nous fatiguent, nous rebutent, nous font désespérer, nous affaiblissent, nous prédisposent à toutes les maladies, nous rendent désagréables à nos proches, antipathiques, éloignant les quelques amis sérieux qui nous restent, et enfin achèvent de nous précipiter dans le malheur.

Nous avons ainsi engagé bien involontairement mais sûrement un processus véritablement dévastateur. Rappelez-vous : le négatif attire le négatif !

Au contraire, une bonne action, une bonne pensée se font sentir autour de nous par une série d'ondes agréables attirant à nous les bonnes choses de la vie sans que nous fassions quoi que ce soit pour cela. Elles assurent notre santé, nous rendent plus sympathiques aux autres et contribuent très largement à notre bonheur. Le processus ainsi engagé est bénéfique.

⦿ Nous avons retrouvé dans ce que nous venons de voir la célèbre **loi de l'attraction** déjà citée.

La loi de l'attraction est fondée sur la théorie que l'énergie émise par l'esprit d'une personne, qu'elle soit bonne ou mauvaise, lui attirera la même énergie en plus grande quantité.

Cela signifie que, en encourageant son esprit à émettre des ondes d'énergie positive, un individu attirera à lui les ondes d'énergie positive de l'univers afin que de bonnes choses se manifestent à son intention.

Ainsi, l'homme triste et découragé est presque toujours paresseux, le travail le fatigue, la vie le dégoûte, la réalité l'ennuie. Quand il manque de tout et qu'on lui vient en aide, cela lui parait mauvais, louche ou insuffisant. Et alors, persévérant dans ses chimères, il ne désire que ce qu'il ne peut pas obtenir.

On ne parvient à se créer une situation indépendante que par le travail. Pour cela, il faut être courageux, plein d'espoir, satisfait du sort que l'on a momentanément, tout en ayant la certitude que l'on parviendra bientôt à l'améliorer.

En tenant compte de ce qui a été dit précédemment, on peut y parvenir beaucoup plus rapidement que les autres.

On évoquera simplement des idées d'activité, de gaieté et d'espérance. On se verra en pensée accomplir quelque acte de courage, parvenir à la situation que l'on désire et posséder tout le bonheur dont on voudrait jouir. Ces idées feront naître les états d'âme correspondants qui, en s'affermissant, prendront peu à peu la place de leurs antagonistes.

On cherchera en particulier à prendre les attitudes correspondant aux émotions, car une attitude bien choisie aide beaucoup à nous donner l'émotion désirée.

Plusieurs exemples simples nous permettront de le comprendre :
-on sait que les chiens, les enfants et même parfois les grandes personnes, qui font semblant de se fâcher dans un jeu quelconque, finissent presque toujours par se fâcher pour de bon.

-des enfants en récréation qui se battent pour s'amuser, finissent invariablement par se battre pour de bon : c'est le fameux "jeu de mains... jeu de vilains !"

-dans un groupe, les plus enjoués entrainent le sourire chez les autres...

-lorsqu'on fait prendre à un sujet qui est en état de catalepsie magnétique ou hypnotique une attitude quelconque il éprouve l'émotion correspondante.

Ainsi, pour chasser votre mélancolie du moment, il est nécessaire de prendre une attitude correspondant à la bonne humeur, ou expression antagoniste de la mélancolie.

On fera pour cela revivre dans son esprit une scène de bonne humeur que l'on aura vécue, et, détail très important, on lèvera les yeux vers le ciel au lieu de les baisser humblement vers la terre.

Cette même scène de bonne humeur bien choisie, ancrée solidement dans ma mémoire telle l'ancre d'un navire au mouillage, sera ravivée par mes soins à chaque fois que j'en éprouverai le besoin.

Pour les lecteurs initiés, nous venons de rappeler ici le fameux ancrage décrit en P.N.L comme le décrit la vidéo visible à partir du site suivant :

https://www.youtube.com/watch?v=BAb3UGFOeoY

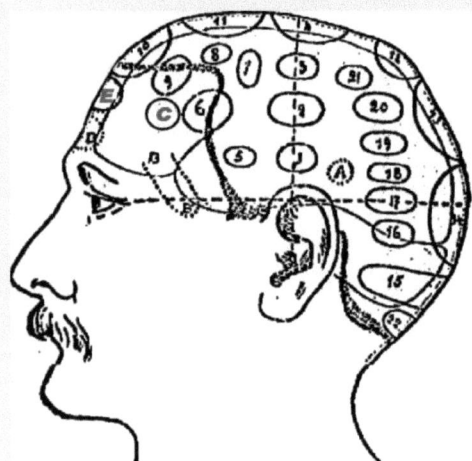
Selon une théorie datant du siècle dernier, et il est vrai controversée de nos jours (mais vous ne risquez rien à l'expérimenter), le sentiment de gaîté viendra bien plus vite encore si on excite, avec un doigt de la main gauche, le centre de la gaieté des phrénologues, sur le côté gauche du crâne (et non sur le côté droit qui ferait naître la tristesse), au point C (en rouge figure ci-contre).

⊙ De même, en vertu d'un principe que certains psychologues appellent du nom de **polarisation psychique**, on pourra presque toujours remplacer une idée triste par une idée gaie en appliquant simplement un doigt de la main gauche au milieu du front, au centre de la volonté, E (en rouge figure ci-dessus).

Cette dernière application est destinée à faire cesser en quelques instants l'émotion pénible laissée par un cauchemar, émotion dont on ne pourra souvent se débarrasser qu'en se levant et en ne se recouchant pas. Il suffira en réalité, à moitié endormi, de changer de côté, c'est-à-dire de se tourner sur le côté droit si l'on est sur le gauche, et réciproquement, et d'appliquer le doigt, de préférence l'index, au point indiqué E, en s'efforçant de s'isoler pour ne penser à rien.

L'émotion pénible s'atténuera alors rapidement et, au bout d'un temps ne dépassant pas 1 à 2 minutes chez les moins sensitifs, on se surprendra à penser à des choses gaies faisant naître des impressions agréables, et l'on s'endormira à nouveau pour ne plus se réveiller que dans de bonnes dispositions.

Puisque j'ai parlé d'un effet que l'on peut facilement obtenir pendant le sommeil, il est bon de dire ici ce qu'une l'autosuggestion est susceptible d'amener dans cet état.

On aura retenu que <u>l'astral, être subjectif et inconscient, gouverne complètement notre organisme pendant le sommeil</u>. On comprendra alors facilement que si on s'impose une tâche à accomplir dans cet état, autrement dit si on fixe sérieusement une idée dans l'inconscient, cette idée devra forcément, par analogie, s'exécuter.

En effet, l'idée s'y élaborera ou s'y développera avec une logique bien supérieure à celle que l'on aurait pu avoir à l'état éveillé, car l'attention n'est pas dérangée par d'autres idées ; l'exécution aura alors lieu avec une remarquable précision.

Des exemples, pris dans les circonstances ordinaires de la vie, pourront d'ailleurs convaincre les personnes les plus sceptiques.

Nous connaissons le proverbe qui nous assure que "la nuit porte conseil". Ce proverbe est parfaitement justifié, car on a maintes fois reconnu que si l'on est embarrassé le soir, pour prendre une décision importante, on la prendra bien plus sûrement après le repos de la nuit : le matin les divers éléments de la question apparaîtront en effet plus nets, plus clairs, plus précis, entraînant une décision évidente.

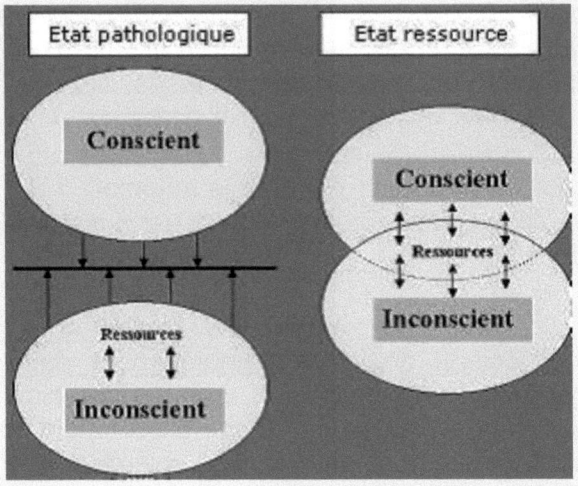

De même beaucoup d'apprenants savent que très souvent il leur suffit, le soir avant de s'endormir, de lire une ou deux fois leurs leçons pour les savoir le lendemain. Comme les écoliers et étudiants, beaucoup d'entre nous savons également que, si nous nous couchons avant d'avoir résolu un problème quelconque sur lequel nous avons travaillé en vain pendant plusieurs heures, la solution nous apparaitra souvent le lendemain matin, de façon spontanée, sans avoir à nouveau à y réfléchir. Il ne nous restera plus alors qu'à la transcrire.

Autre exemple : il suffit à certaines personnes de se dire en se couchant qu'elles se réveilleront à telle heure dans la nuit pour qu'elles se réveillent à l'heure indiquée, même si elles n'en ont pas l'habitude. De même, très souvent, en se couchant avec une douleur, une névralgie, par exemple, nous pensons fermement à dormir ; nous nous endormons bientôt et nous réveillant quelques heures après, nous sommes tout étonnés de constater que la douleur a disparu ; l'explication est que la concentration de la pensée sur l'idée de dormir a donné lieu à une dérivation dont la conséquence a été soit de faire oublier la douleur, soit de la transformer en un phénomène d'un autre ordre.

Le mécanisme de ces faits étant expliqué, on pourra, avec la plus grande facilité et sans perte de temps, s'imposer pendant la nuit telle ou telle idée, en se conformant aux règles de l'autosuggestion ordinaire.

Prenons un exemple : on désire se débarrasser d'une mauvaise habitude. On fixera sa pensée sur la qualité antagoniste que l'on veut développer à la place. On fermera les yeux et l'on méditera pendant 5 à 6 minutes sur les avantages qui ne manqueront pas d'en résulter. On imagine ensuite à partir des qualités que l'on possède déjà comment on devra procéder pour faire la conquête des autres ; on se dira donc mentalement :

« *Je ferai ceci* », « *J'achèverai cela* », en s'efforçant de préciser les conditions dans lesquelles on devra le faire.

On se répétera la phrase plusieurs fois dans les mêmes conditions, puis, abandonnant l'autosuggestion pure pour ne plus penser qu'aux avantages que l'on va en retirer, on fixera son attention sur l'idée de dormir.

Durant le sommeil et pendant la plus grande partie de la nuit, l'inconscient, devenu pour quelques heures l'être actif, ne s'occupera que de l'élaboration de l'idée ainsi que des moyens les plus simples et les plus pratiques pour en assurer l'exécution.

Le lendemain, on se rendra compte que si le résultat n'est pas parfait, il est tout au moins obtenu en partie ; on a une facilité bien plus grande pour faire ce que l'on a décidé. Votre sentiment intime vous indique par ailleurs qu'avec de la persévérance, le résultat final ne saurait être loin.

Il arrive parfois que l'autosuggestion ne soit acceptée qu'avec une certaine difficulté et que l'on n'ait conscience qu'après plusieurs essais infructueux, de l'instant où le résultat est enfin obtenu.

Ainsi, je connais un jeune homme, excellent dormeur, comme la plupart des jeunes gens, qui se réveille à l'heure qu'il désire. Pour cela, avant de s'endormir, il s'autosuggestionne de la façon suivante : en fermant les yeux, il se dit: « *demain, je me réveillerai lorsque telle heure sonnera* ». L'ordre que l'être conscient donne à l'inconscient n'est pas accepté de suite par celui-ci et une image extérieure se manifeste sous la forme, d'un "non" bien déterminé, il se répète à nouveau: « *Je me réveillerai lorsque telle heure sonnera* », et le même "non" se montre encore. Il continue l'autosuggestion jusqu'à 6 et même 8 fois, et perçoit enfin l'apparition d'un "oui". Se détournant alors de son projet, il s'endort paisiblement et ne manque jamais de se réveiller à l'instant où la pendule marque l'heure voulue.

◉ **Absorption de l'énergie**.

Un autre moyen d'autosuggestion recommandé par Turnbull, est celui de *l'absorption de l'énergie*. Admettons que nous ayons un violent désir que notre raison réprouve et dont nous voulons nous défaire, par exemple celui d'abandonner notre travail pour aller nous amuser.

A cet effet, nous concentrons fortement notre pensée sur ce désir considéré comme l'expression d'une force brutale qui s'empare de nous. Cette idée force étant bien identifiée, en observant les temps de la respiration profonde, nous nous *l'approprions*, nous nous en *emparons*, nous l'*absorbons* pour la placer sous le contrôle de la raison.

L'opération doit se décomposer en trois temps, qui vont durer chacun de 8 à 10 secondes.

Premier temps : Aspirer lentement l'air, et considérant ce désir comme une force brutale qui maîtrise la raison, on se dit avec conviction, mentalement ou à demi voix *J'absorbe consciemment cette force et je me l'approprie.*

Deuxième temps : Retenir sa respiration et se dire avec la même conviction *Je fixe cette force qui m'appartient désormais.*

Troisième temps : En expirant lentement, on se dit *Je me suis rendu maître de cette force que j'utiliserai selon mes besoins.*

Ce procédé est très puissant pour combattre tout ce qui est frein à un projet, tout ce qui nous empêche d'aller dans le bon sens où nous voulons aller. Ce sont les mauvais penchants, les addictions et les défauts fortement enracinés qui auraient résisté aux autres formes d'autosuggestion, tels que par exemple ceux de se ronger les ongles, de se masturber, de fumer, de s'enivrer, de se droguer, etc.

On devra répéter l'opération plusieurs fois, après quelques instants de repos, en ayant toujours soin de bien fixer dans sa pensée la triple idée d'absorption, de fixation et d'utilisation de la force du désir comme vu précédemment.

L'absorption de l'énergie peut être utilisée dans de nombreuses circonstances pour puiser des forces ou des qualités dans le milieu ambiant.

L'influence personnelle doit déjà être entraînée pour donner des résultats convaincants, mais la plupart de ceux qui commenceraient cette étude par l'auto-suggestion, obtiendraient certainement des résultats satisfaisants en l'espace de quelques mois, en consacrant seulement 12 à 15 minutes matin et soir à des exercices bien compris et intelligemment exécutés.

Après s'être isolé, il faut concentrer fortement sa pensée sur la qualité ou sur l'avantage que l'on veut obtenir, bien se persuader que tous les éléments de cette qualité ou de cet avantage sont là, à notre disposition, que nous méritons cette chose, qu'elle ne tardera pas à nous arriver d'elle-même, et que nous avons le droit et le pouvoir de la prendre à ce moment-là.

Ces idées étant bien présentes à l'esprit, comme pour utiliser la force d'un désir, on les absorbe, on les fixe en soi-même, on prend l'engagement d'en profiter en exécutant méthodiquement les trois temps de la respiration profonde vus précédemment.

Au début, on doit employer des formules, on peut même écrire celles-ci sur un carré de papier que l'on place devant ses yeux pour le regarder avec calme et persistance. Ensuite, lorsque la volonté est suffisamment disciplinée, on se dispensera des formules, car elles ne servent qu'à fixer l'attention sur le sujet.

On peut demander d'abord l'accroissement de qualités que l'on ne possède pas à un degré assez élevé, comme l'exactitude, la patience, la douceur, la bonté, le jugement.

Plus tard on demandera la force morale et même la force physique si elles ne sont pas suffisantes, la guérison d'une maladie légère, la réussite de telle ou telle affaire que l'on entreprend.

Enfin, obtenant à peu près ce que l'on veut, on pourra demander des choses plus importantes, plus élevées, plus précises. En utilisant l'autosuggestion, on peut changer les comportements qui perturbent ou détruisent la vie.

On peut utiliser l'autosuggestion pour trouver la motivation de guérir son corps, son esprit ou son âme grâce à une estime de soi-même retrouvée.

Il n'y a certainement pas de limites au développement de ce pouvoir qui peut s'étendre à l'infini, surtout quand les bases de l'influence personnelle sont bien établies et que cette dernière est cultivée avec méthode.

"*Aide-toi*, dit le proverbe, *le ciel t'aidera.* "

La demande est la base de la prière. Les croyants tirent de la prière des consolations, des espérances et certains avantages ; ils tireraient bien autre chose encore s'ils ne demandaient pas parfois des faveurs impossibles ...

Il ne faut pas que le marchand de parapluies demande des averses constantes lorsque la terre est suffisamment mouillée, ni que le charbonnier prie pour avoir du froid lorsqu'il fait encore chaud.

Demandez ce qui est possible, ce qui vous est utile sans être nuisible à vos semblables et vous recevrez en raison directe de la sincérité de votre demande, ainsi que de la quantité de volonté que vous aurez dépensée pour l'obtenir. La faculté de puiser dans le milieu ambiant des forces quelles qu'elles soient, constitue à elle seule le principal facteur du <u>Magnétisme personnel</u>. On doit donc faire tout son possible pour développer cette faculté. Rappelons si besoin est la définition d'Hector Durville :

« Il (il s'agit du magnétisme personnel) nous met immédiatement en contact avec les énergies qui nous entourent, avec les sympathies qui flottent dans l'atmosphère, et nous permet de les fixer pour développer et perfectionner notre individualité. C'est lui qui donne au magnétiseur le pouvoir d'opérer même à distance des guérisons extraordinaires, à l'artiste ainsi qu'à l'inventeur, à l'industriel et au commerçant la faculté de réaliser complètement leur idéal. Ainsi défini, le magnétisme personnel est synonyme de pouvoir, de puissance ou encore d'influence personnelle. »

◉ Il existe depuis quelques années des **logiciels** de développement personnel d'aide à l'autosuggestion. Ils sont supposés vous permettre de vous aider à vous débarrasser de nos (très) mauvaises habitudes comme les addictions au tabac, à l'alcool, au jeu ou à toute autre drogue, et d'en acquérir de bonnes.

Nous pouvons les considérer comme complémentaires aux moyens précédemment décrits.

C'est le cas de l'un d'entre eux, Sublisoft, d'un coût modeste et d'un maniement très simple. Il a été mis au point par C. Godefroy spécialiste de l'autohypnose.

Avec le logiciel il vous suffira de choisir les qualités que vous voulez acquérir ou les défauts dont vous désirez vous débarrasser. C'est donc un véritable et puissant outil de développement personnel.

Il fonctionnera sur votre ordinateur en arrière-plan et donc sans gêner votre travail en cours. Après son installation, il sait se faire oublier. Pour avoir un résultat il faut évidemment lui laisser du temps.

Les autosuggestions que vous aurez choisies et aurez programmées vont s'afficher en clignotant de façon si discrète que vous les oublierez aussi. Vous pouvez choisir la fréquence et l'ordre de leur apparition.

Bien entendu, le résultat demande de la patience car ce n'est pas en quelques minutes que l'on rectifiera une mauvaise habitude de plusieurs années, comme une addiction au jeu ou à la cigarette...

Si vous désirez plus d'informations au sujet de Sublisoft, visitez http://www.petit-prof.com

Un autre logiciel assez voisin semble mériter qu'on s'y intéresse, Sublimessages. Pour information visitez le site http://www.sublimessages.com/

Avant d'aller plus avant il nous faut faire une remarque d'importance : si vous êtes vraiment sceptique sur le résultat à atteindre, la suggestion programmée ne se réalisera pas ! Votre mental refusera d'être endormi et ne la laissera pas passer.

Comme pour tous les phénomènes ayant trait au psychique, un **minimum d'adhésion à ce qui doit arriver est en effet nécessaire** pour que cela arrive vraiment.

En application de ce que nous venons d'énoncer, dans l'autosuggestion on va beaucoup plus loin que la locution latine bien connue "Carpe Diem" traduite du poète Horace. En effet, si cette dernière peut être traduite par "Profite du temps présent", quand on utilise l'autosuggestion, on s'imagine dans le futur proche. La maxime à suivre devient alors : "Le meilleur est à venir". C'est une sorte d'anticipation positive.

Ainsi le mieux n'interviendra que si vous vous aidez à l'atteindre par la pensée.

Vous en voulez la preuve ? Alors tentez l'expérience suivante. Ce sera notre exemple. Un exemple d'autosuggestion pour débuter très simple mais efficace.

Supposons que ce soit l'été, vous vous réveillez et il fait déjà chaud ; c'est le moment de prendre votre douche ou votre bain. Il y a deux façons pour vous de procéder :

-la première : vous êtes pressé d'en finir. Vous faites couler l'eau après vous être savonné tout en pensant à autre chose : votre travail qui vous attend ou bien le rendez-vous d'affaires que vous allez retrouver au café. Quand vous sortez de la salle d'eau après cinq ou six minutes, vous ne pensez plus à la douche et vous vous dépêchez de courir à votre rendez-vous. C'est le scénario "pressé" ou utilitaire.

-la seconde : vous prenez votre temps car pour vous c'est un moment de détente. Persuadé par avance du plaisir que vous allez éprouver, dès votre entrée dans la cabine vous vous étirez lentement, comme un chat, pour diminuer les tensions qui vous assaillent. Vous réglez la température de l'eau comme il vous plait. Après vous être savonné, vous goûtez le plaisir du jet sur vos épaules, votre crâne et votre cou. Vous insistez sur votre cou. Ce massage durera plusieurs minutes. L'eau est tiède ou froide, le jet est plus ou moins puissant, selon votre envie. Vous ressentez immédiatement un bienfait pour vos articulations, vos tendons, vos muscles et aussi votre esprit. Un sentiment de plénitude générale vous envahit. Vous ne pensez qu'à ce moment magique et surtout pas au travail qui vous attend. Lorsque vous sortez de la douche après dix à douze minutes, transformé, vous êtes encore un peu étourdi par le bien-être que vous venez de goûter. Vous êtes enfin d'attaque et vous courez à votre rendez-vous. C'est le scénario "détendu" ou si vous préférez "zen".

Dans le premier scénario, la douche vous a permis simplement de vous laver. C'est l'effet que vous en attendiez. Dans le second, pour quelques minutes supplémentaires, elle vous a aussi préparé à affronter votre journée de travail dans les meilleures conditions tant physiques que morales.

Quel scénario vous parait préférable ? Vous avez une tendance toute naturelle à suivre le premier probablement comme la plupart des gens ? Dans ce cas vous risquez fort d'être régulièrement énervé et tendu. C'est mauvais pour le caractère, mauvais aussi pour le cœur, mauvais pour les muscles. Un conseil : essayez le second et vous verrez la différence !

Si vous acceptez de tenter l'expérience du scénario "zen", permettez-moi un conseil. Jouez le jeu : n'entrez pas dans la cabine de douche incrédule car ce sera alors l'échec assuré. Pénétrez avec un esprit bienveillant ou, au moins, avec celui d'une personne qui ne demande qu'à être convaincue. Et surtout n'oubliez pas ce que vous avez appris sur l'autosuggestion. Choisissez les mots que vous voulez et répétez à mi-voix, pour n'être entendu que de vous-même : «je suis bien... je me détends... je me calme... je suis détendu... je me sens bien..." Dès que vous vous sentez vraiment bien, ne dites plus rien, respirez profondément et expirez lentement. Et surtout en vous recentrant sur vous-même jouissez du moment présent. La journée s'annoncera alors sous les meilleurs auspices.

Soyez-en sûr, le scénario décrit marche ! Pour le comprendre, rappelons-nous la <u>Loi de l'Attraction</u> dont nous avons parlé plus haut. " l'énergie émise par l'esprit d'une personne, qu'elle soit bonne ou mauvaise, lui attirera une énergie de même nature même en plus grande quantité. Le positif attire le positif et ce qui est négatif attire le négatif. "

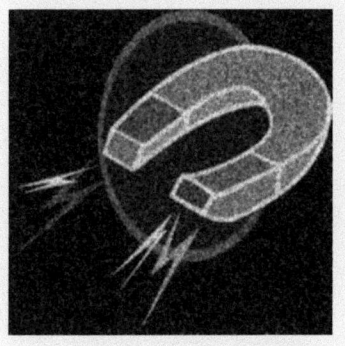

Vous vous sentirez donc d'autant mieux que vous vous mettrez en position d'être bien. Là est toute la subtilité du psychique : ignorez ou refusez, rien ne se passera ; si vous l'espérez, si vous le provoquez, si vous vous mettez en état de le recevoir, alors le bienfait vous atteindra.

L'autosuggestion s'appuie sur

la loi d'Attraction, de là vient sa redoutable efficacité dans tous les domaines sur lesquels l'esprit humain a prise.

Rappelons encore que la loi d'Attraction fonctionne comme un aimant à l'envers :

-le pôle positif (rouge) attire les joies ou les évènements heureux dits positifs
-le pôle négatif (bleu) attire les ennuis et les évènements négatifs

Ce fait peut se décrire en langage scientifique par la loi : "Deux évènements de même signe s'attirent".

Un autre principe de base demande en outre à être suivi avec rigueur pour tout ce qui est notion, théorie ou pratique ayant trait à la psyché : ne soyez pas mécréant, n'en ayez pas peur. Examinez-les avec bienveillance. Essayez d'en trouver les clés et, dès que cela vous sera possible, utilisez-les en pensant qu'ils vont vous être profitables. Nous l'appellerons le **principe d'anticipation positive**. C'est ce principe que vous avez utilisé plus haut quand vous êtes entré dans la cabine de douche (scénario "zen").

Revenons à la notion d'ancrage dont nous avons parlé précédemment. Si la scène que vous remémorez ne vous a pas marqué suffisamment ou si le geste d'ancrage choisi (pliage d'une main sur elle-même par exemple) n'est pas de votre part accompagné d'une concentration suffisante, parce que vous n'y croyez pas assez, l'ancrage ne pourra pas fonctionner !

De même, dans le cas de la douche scénario "zen", l'effet sera particulièrement bénéfique si vous rentrez dans la cabine de bains en étant persuadé par avance de son effet réparateur...

Rappelez-vous les trois composantes de votre individualité : le physique, l'aura et le mental (voir p.30) ainsi que leurs fonctions. N'oubliez surtout pas leur interaction continuelle.

Pour résumer, votre mental doit être en permanence dans un état d'esprit d'ouverture. Dans ce cas vous aurez la fierté, à la fois rare et inestimable, de pouvoir choisir, tracer vous-même, et enfin suivre en toute liberté la route qui vous conduira à développer votre personnalité dans le sens positif que vous aurez choisi. Saisissez cette chance.

L'autosuggestion est bien, à n'en pas douter, pour qui sait l'utiliser, un des outils de développement personnel les plus puissants.

« DE MÊME QU'UN HOMME NE PEUT VIVRE SANS RÊVES, IL NE PEUT VIVRE SANS ESPOIR. SI LES RÊVES RÉFLÉCHISSENT LE PASSÉ, L'ESPOIR ÉVOQUE L'AVENIR. »

ELIE WIESEL

DISCOURS LORS DE LA CÉRÉMONIE D'ATTRIBUTION DU PRIX NOBEL DE LA PAIX, 11 DÉCEMBRE 1986.

VII - Où l'on voit que 1 + 1 = 2 n'est pas toujours vérifié...
Règles à suivre pour s'autosuggestionner

Avant d'aller plus loin et de résumer les bienfaits que l'on peut obtenir par une bonne utilisation de l'autosuggestion positive, il nous faut vous entretenir des freins et des critiques rapportés par certains esprits scientifiques à son encontre.

Ceux-là vont jusqu'à lui dénier toute valeur et tout résultat. Nous appellerons ces personnes les ultra-rationalistes. Ce sont en effet, à n'en pas douter, des extrémistes aveuglés par leur croyance, comme le sont tous les extrémistes, qu'ils soient politiques ou religieux.

Rappelons pour bien nous entendre la définition du rationalisme. Selon le Larousse, il s'agit d'un système philosophique selon lequel les phénomènes de l'univers relèvent d'une causalité compréhensible et de lois stables. Dit d'une façon plus prosaïque, il s'agit donc d'une « disposition d'esprit qui n'accorde de valeur qu'à la raison, au rationnel. »

En conséquence, les ultra-rationalistes seront des personnages qui ne vivent et ne raisonnent qu'à travers la logique purement mathématique. C'est pour eux le langage absolu. Ils sont en réalité des penseurs anémiques. Et nous allons nous en expliquer.

Ils ne savent penser qu'avec des chiffres. Ils ne font qu'additionner, diviser, factoriser, proportionnaliser tout à loisir, sans imaginer un seul instant que l'on pourrait faire ou penser autrement qu'eux. Quand ils ne peuvent mettre en équation un phénomène, ils vous expliquent qu'il est aléatoire et non reproductible. Ils s'en détournent immédiatement. "Circulez, y'a rien à voir !"

Pour eux, il n'existe pas d'autre pensée que la pensée rationnelle. Leur raisonnement et le langage qui l'exprime, basés sur une logique absolue, sont en réalité adaptés à un monde purement mathématique, le seul qui les intéresse. Leur credo est basique et ne souffre aucune exception : 1+1=2 point final...

Ce credo, élevé chez eux au rang de religion, est immuable comme les chiffres qu'ils utilisent. En y réfléchissant un tant soit peu, leur certitude apparaît d'ailleurs d'autant plus normale pour les matheux, que les mathématiques forment une science qui a été créée par l'homme lui-même ! On la qualifie pour cette raison de science <u>exacte</u>.

Le même raisonnement de logique absolue s'applique en théorie aussi aux sciences expérimentales mais de façon déjà plus complexe. Un phénomène scientifique se reproduit de façon identique quand les conditions qui l'entourent sont elles aussi identiques. La seule difficulté est justement de connaître l'ensemble de ces conditions : pression, température, quantités des produits en présence etc. et de les reproduire.

Savez-vous par exemple qu'une réaction de chimie organique est, la plupart du temps, "équilibrée", c'est-à-dire qu'au fur et à mesure que des produits nouveaux se forment, une partie de ceux-ci disparaissent pour redonner les produits de départ. Le rendement en produits formés d'une réaction peut être donc de 80%, mais aussi de 50% ou 10%, parfois moins... tout dépendra des conditions de l'expérience ! Dans la science chimie on est donc très loin de l'absolue mathématique.

La logique sans faille des ultra-rationalistes s'applique encore moins, loin s'en faut, quand l'on considère un domaine touchant à l'esprit humain, comme celui de la science du psychique auquel nous nous intéressons. Pour le comprendre et sans partir dans une grande théorie qui dépasserait le cadre de notre propos, il suffit de se souvenir que :

- l'esprit est formé de l'aura et du mental
- chaque individu est unique
- cette unicité individuelle elle-même est variable : par exemple, nos capacités mentales varient avec notre état physique du moment... et toute pensée, même anodine, met en route une quantité énorme de transmissions synaptiques.

Or un cerveau humain contient environ 100 milliards de neurones, et ce nombre n'est pas le même selon les individus. Chaque neurone possède en moyenne 10.000 synapses ! Le nombre de connexions synaptiques dépend d'un nombre de facteurs très complexes intégrant, entre autres, l'effort de réflexion, le pouvoir de concentration, l'âge, l'état de fraîcheur du sujet etc.

On est en conséquence bien loin d'un phénomène scientifique reproductible de façon immuable tel que le réclament les ultra-rationalistes ! Et pourtant, si l'on admet qu'une théorie utilisée dans certaines conditions est reproductible qualitativement, même sans l'être tout à fait de façon quantitative, alors on est bien en présence d'une théorie scientifique.

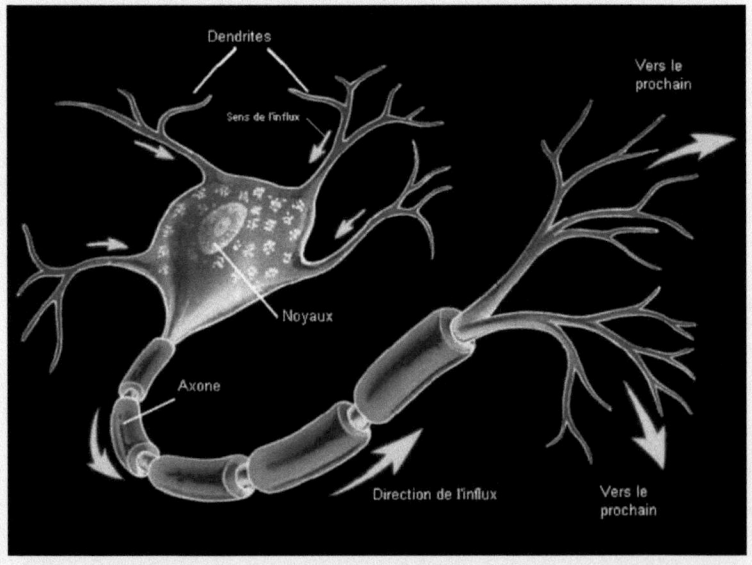

Tel est le cas d'une loi psychique comme la loi de l'Attraction. C'est aussi le cas de la théorie de la Programmation Neurolinguistique ou PNL. C'est de même le cas de la théorie de l'absorption de l'énergie de

Turnbull. C'est également celui de la désindividuation en groupe. Et c'est enfin, à n'en pas douter, le cas de la suggestion et de l'autosuggestion !

Cette façon de raisonner qui tient compte du facteur humain a complètement échappé aux ultra-rationalistes : c'est pour cette raison que nous avons parlé en début de chapitre de penseurs anémiques... Avons-nous donc raison d'affirmer qu'en dehors des sciences mathématiques 1+1 n'est pas égal à 2 ?

Pour expliquer et comprendre un phénomène du domaine du psychique, la pensée rationaliste doit être complétée par une part plus ou moins grande de pensée subjective ou spirituelle. Il en est évidemment de même pour le langage qui n'est que l'expression de la pensée ou raisonnement.

Pour satisfaire les scientifiques, que nous avons critiqués dans les propos qui précèdent, nous écrirons :

RAISONNEMENT TOTAL

=

RAISONNEMENT LOGIQUE + RAISONNEMENT SPIRITUEL

En traduisant ainsi notre pensée, nous ne faisons que rappeler la théorie du cerveau total formé du cerveau gauche, siège de la logique rationnelle, et du cerveau droit, domaine du sentiment et de l'imagination. Les personnes qui sont intéressées par ce sujet auront grand profit à visionner la vidéo indiquée par le lien qui suit :

https://www.youtube.com/watch?v=C93lRoqWuGg

Quelques mots à présent pour conclure sur le pouvoir de l'autosuggestion. Rappelons que c'est la suggestion de soi par soi-même.

Dans l'utilisation de cette technique de développement personnel, un seul intéressé, un seul interlocuteur, une seule personne au courant de nos choix d'évolution : nous-même et personne d'autre !

L'autosuggestion représente en conséquence une image de notre Liberté la plus intime, celle de notre désir d'évoluer dans le sens que nous avons choisi !

Le pharmacien Emile Coué déjà cité à plusieurs reprises en a été l'initiateur. Il n'a pas été toujours reconnu loin de là dans notre pays. Jusqu'à ces dernières années on y parlait même souvent de lui et de sa théorie avec une pointe d'ironie.

C'est que les Français se piquent volontiers d'être avant tout rationalistes, souvent même ultra-rationalistes (nous l'avons mentionné plus haut). Descartes ayant sévi, nos compatriotes sont peu attirés par les nébuleuses psychiques, contrairement aux anglo-saxons.

L'autosuggestion semble être, au premier abord, plus simple que la suggestion : on croit se connaître, on pense savoir ce que l'on est capable de réaliser, comment se parler...

Eh bien, c'est là où le bât blesse. En général c'est tout le contraire ! Pour comprendre, utiliser et modifier, même en infime partie, tout ce qui concerne la psyché, la règle est ancienne. Très ancienne même. C'est le fameux précepte : "Connais-toi toi-même" de Socrate, datant du 5e siècle avant J.C. Il est plus que jamais valable dans un monde moderne où la communication est élevée au rang de religion...

La connaissance de soi n'étant pas le sujet de notre opuscule, nous supposerons que le fameux précepte est vérifié pour vous. Si ce n'était pas le cas vous savez ce qu'il vous reste à faire !

De nos jours, la puissance de l'autosuggestion est enfin reconnue de tous et sa réalité dans un processus d'ascension sociale n'est pas contestée. Conjuguée par exemple à la visualisation dont le rôle est de rapprocher l'imaginaire et la réalité, son effet positif sur la confiance en soi est incontestable. Il en est alors de même sur le résultat obtenu... Nous allons nous en expliquer.

L'autosuggestion est ainsi couramment utilisée par les sportifs. Avant le départ, le skieur imagine la course à venir. Il mime son parcours, il anticipe ses virages, les bosses où il devra décoller de la piste, les endroits où il devra accélérer, jusqu'au passage de la ligne d'arrivée sur laquelle il se voit déjà se jeter en vainqueur !

Il en sera de même pour le plongeur de haut-vol : son plongeon vrillé, il le réalise de façon virtuelle 20 fois ou plus avant de s'élancer réellement.

Vous vous direz peut-être qu'il ne s'agit que d'une mise en scène sans intérêt ? Eh bien, figurez-vous, c'est faux car cette mise en scène, et cela a été vérifié, permet de gagner.

Cette façon de procéder marche même d'autant mieux que l'expérience montre que seuls les sportifs qui se voient vainqueurs ont des chances de vaincre !

Un peu comme au Loto où ceux qui achètent un billet sont les seuls qui risquent de gagner le gros lot ! Cela vous semble évident, n'est-ce pas ?

C'est la même chose dans le cas de l'auto-suggestion positive : pour réussir à atteindre votre but, il vous faudra l'utiliser...

Un exemple typique de ce cérémonial qui aide à gagner nous a été donné par un athlète français mentionné au chapitre 2, Alain Mimoun.

Champion en fin de règne, il a près de 36 ans et est spécialiste du 5.000 et du 10.000 m. Il décide au dernier moment de courir le marathon aux JO de Melbourne en 1956. Ce sera alors son premier marathon officiel !

A quelques jours de l'épreuve, il se met dans l'ambiance. Il en rêve. Patriote dans l'âme, plusieurs fois médaillé d'argent, il rêve d'offrir à son pays enfin une médaille d'or. Pour cela il tient à se préparer au mieux. Physiquement bien sûr mais aussi psychologiquement.

Dans ce cadre il imagine la course à l'avance et, se concentrant dans son imagination, se voit couper la ligne en vainqueur.

Peu à peu sa confiance grandit. Sa superstition l'y aide. Premier signe : la veille de l'épreuve il apprend la naissance de sa fille, elle est prénommée aussitôt Olympe. Autres signes du destin : son dossard porte le numéro 13, son chiffre porte-bonheur et la course démarre à 15h 13. Il apprend que l'intervalle de temps entre les deux victoires françaises dans un marathon aux JO (années 1900 et 1928) est atteint. Il ne peut donc que gagner puisque l'on est en 1956. Et effectivement, tout se passe comme il l'espérait : il gagne, survolant même l'épreuve !

Essayons d'expliquer sa surprenante victoire. Ne l'oublions pas, il n'était pas des favoris : déjà âgé pour un athlète, 36 ans, il n'avait surtout aucune expérience du marathon. Hormis cette inexpérience, Mimoun avait réuni autour de lui au moment de l'épreuve tous les ingrédients nécessaires à la victoire. Si certains n'étaient dûs qu'au seul hasard, d'autres avaient été mis en place par lui seul. De cette façon notre athlète possédait alors autour de lui tous les atouts pour que « tout baigne ». La visualisation imaginée de la course dans un environnement parfait l'avait amené à se persuader qu'il allait gagner. Le processus d'autosuggestion positive mis en place a simplement fonctionné à cette occasion de la meilleure façon possible.

Un autre domaine, très différent pourtant de celui des sportifs, nous montre encore la puissance créatrice et ô combien bénéfique de l'autosuggestion. Nous voulons parler du monde politique.

Lors de son élection de 2007, et même avant celle-ci, l'ancien président de la République Nicolas Sarkozy avouait volontiers qu'il s'était préparé depuis de très longues années à accéder à la fonction de chef de l'Etat.

"Il en avait rêvé, disait-il, tous les matins en se rasant". Etait-ce une prétention de l'avoir avoué ? Les avis sont partagés et le problème n'est pas là en ce qui concerne notre étude.

- *Connaissance de soi*

- *Evaluer ses difficultés*

- *Prendre confiance en soi*

A-t-il eu la lucidité d'avoir compris et utilisé le rôle de l'autosuggestion ? Sûrement, car s'il n'y avait pas cru autant, il n'aurait probablement jamais été élu !

C'est pour avoir rêvé, imaginé et visualisé dans ses moindres détails sa victoire que celle-ci, mise alors sur les bons rails, et s'appuyant sur une organisation bien huilée, intervint.

Les exemples sont nombreux de personnalités politiques qui, grâce à une confiance en elles peu commune, entretenue par une autosuggestion positive sans faille, ont réalisé un parcours allant bien au-delà de celui qui leur semblait promis.

Poussons les choses plus avant encore. Si vous avez vous-même côtoyé des élus, ne vous êtes-vous jamais demandé comment certains d'entre eux, maires, conseillers territoriaux, sénateurs, députés ou bien même ministres, avaient pu parvenir à leurs postes alors que leur culture et leurs capacités intellectuelles, assez quelconques, ne vous paraissaient pas leur permettre d'y accéder ? Si vous l'avez fait vous avez probablement remarqué qu'ils possédaient une chose en commun, une grande qualité pour réussir : une énorme confiance en eux-mêmes, celle-ci étant entretenue en permanence.

Ne cherchez plus la raison de leur réussite sociale car l'explication vient de vous en être donnée : l'autosuggestion fait vraiment des miracles ! Monsieur Jourdain faisait de la prose sans le savoir, eh bien les hommes politiques, eux, pratiquent l'autosuggestion de façon naturelle, souvent sans s'en rendre compte.

Attention, cependant car tout le monde n'est pas capable de parvenir au but qu'il s'est choisi... Même avec la plus grande envie, une parfaite confiance en ses moyens, les plus grands efforts, la volonté la plus tenace, tout n'est évidemment pas possible !

Si l'autosuggestion est jugée indispensable pour réussir un projet conséquent, elle doit s'appuyer sur un terrain que le sujet lui-même aura su rendre solide.

Comme le temps écoulé ne revient jamais, le cul-de-jatte reste cul-de-jatte, le chauve reste chauve, le nul en maths ne deviendra probablement jamais non plus ingénieur. Si vous avez une anomalie cardiaque avérée, n'essayez pas de devenir footballeur professionnel : l'autosuggestion positive n'y pourra rien.

Au contraire, nous avons tous entendu parler de certaines personnes, peu douées à l'origine pour un art, un sport ou une activité, qui deviennent un jour des experts reconnus dans leur domaine.

Savez-vous par exemple que Charles Aznavour, vedette de la chanson depuis de longues années, a connu des débuts artistiques très difficiles ? Les quolibets et les jets de tomates sur scène ne lui furent pas épargnés tant sa voix et sa personnalité détonnaient dans les années 1950 en comparaison des critères alors réclamés par le public.

Lui-même, après coup, explique les choses avec humilité et franchise dans un livre : « Quels sont mes handicaps ? Ma voix, ma taille, mes gestes, mon manque de culture et d'instruction, ma franchise, mon manque de personnalité. Ma voix ? Impossible de la changer. Les professeurs que j'ai consultés sont catégoriques : ils m'ont déconseillé de chanter. Je chanterai pourtant, quitte à m'en déchirer la glotte. D'une petite dixième, je peux obtenir une étendue de près de trois octaves. Je peux avoir les possibilités d'un chanteur classique, malgré le brouillard qui voile mon timbre [...] »

Réf. Charles Aznavour, *Aznavour par Aznavour*, Fayard, 1970.

A-t-il bien fait de persévérer ? Cela ne semble faire aucun doute étant donné un succès devenu planétaire.

◉ **Les quatre conditions de la réussite** d'un projet :

❶ **avoir une connaissance objective et approfondie de ses atouts et de ses défauts** *(se faire aider s'il le faut)*

❷ **connaître les difficultés à surmonter pour parvenir au but que l'on s'est fixé** *(une étude approfondie de son projet est indispensable)*

❸ **veiller au contrôle en continu de la progression**

❹ **avoir une très grande confiance en soi** *(sans aller jusqu'à l'aveuglement)*

Une seule de ces conditions est négligée et le rêve devient alors chimère. Le pot au lait tombe, les illusions de la laitière Perrette aussi !

C'est la même mésaventure qui arrive au lièvre dans la Fable bien connue. Négligeant la 3ème condition (il faut veiller au contrôle de la progression), il part trop tard et, malgré des atouts incontestables, malgré sa vitesse infiniment supérieure à celle de sa rivale, il est battu par dame tortue !

Cette mésaventure arrive tous les jours à des individus qui, comme le lièvre, négligent ou ne connaissent pas une des conditions énoncées plus haut. Ils ne parviendront jamais au but fixé. Cela est vrai dans tous les milieux sociaux et dans tous les domaines : que ce soit sport, politique, entreprise, mais aussi familial et affectif.

Combien d'amoureux transis n'ont pu concrétiser, par peur de l'avenir, par manque de confiance en eux ou en leurs sentiments, par négligence, ou même par une hésitation sans fin, la rencontre qui aurait dû bouleverser leur existence.

Malgré le titre de notre ouvrage, le rêve de ces personnes ne deviendra jamais réalité.

Attention aussi à ne pas se surestimer. Pour que l'autosuggestion fonctionne, il ne faut pas espérer obtenir des résultats impossibles. Comme vous le voyez, nous n'ignorons pas que la pensée rationnelle a aussi son importance ! Comme dit plus haut, la déconvenue guette en effet les rêveurs impénitents : vous chantez faux, n'espérez pas devenir un chanteur en vogue ! Le petit ne deviendra pas géant. Rappelez-vous, vous êtes très doué pour le foot, mais vous avez le cœur fragile, n'espérez pas devenir un champion...

Ne rejouez pas le scénario de "La grenouille qui veut se faire aussi grosse que le bœuf" dans une autre fable de La Fontaine : elle enfle tant et tant... qu'à la fin elle éclate. Que d'exemples autour de nous de personnes, amis, connaissances, proches, qui ont fait comme la grenouille ! Une prise de risque inconsidérée et tous leurs rêves à tout jamais se sont écroulés : entreprises en faillite, fortunes dilapidées, ménages brisés. La plupart de ces personnes ne s'en relèveront pas.

Pour atteindre un but fixé par autosuggestion, nous ne le dirons jamais assez, il faut que les quatre conditions de la réussite citées plus haut soient impérativement toutes réalisées.

Si vous désirez vraiment réaliser des prouesses dans un domaine, privé ou professionnel, quel qu'il soit, vous savez à présent ce qu'il vous reste à faire : relisez cet ouvrage, plusieurs fois s'il le faut, jusqu'à ce que vous soyez convaincu au plus profond de vous que la solution de votre réussite est à votre portée.

Entraînez-vous sans relâche, les occasions en sont multiples et journalières, jusqu'à en maitriser correctement la pratique. Et, alors, oui : vos rêves, vos désirs les plus chers et les plus fous deviendront enfin des réalités ! Vous réussirez même tout (ou presque tout) ce que vous entreprendrez.

Pour y parvenir vous avez à votre disposition une véritable boite à miracles... ou si vous le préférez une lampe magique : l'autosuggestion.

Il nous faut rappeler encore et encore une condition essentielle pour que la lampe magique s'éclaire ou pour que le processus fonctionne : il faut y croire avant de le mettre en œuvre !

Si vous êtes incrédule, disons même pas assez convaincu par avance, vous ne serez jamais en état réel d'autosuggestion et votre projet échouera. Dans ce cas, refermez cet ouvrage et oubliez son contenu car il ne vous sera d'aucune utilité.

Une autosuggestion est "positive" !

Si au contraire votre esprit est suffisamment ouvert et conscient des possibilités qui sont apportées par le phénomène psychique, suivez-en avec confiance les recommandations. Une visualisation anticipée, à la fois bienveillante, détaillée et constructive des résultats espérés, suivie d'une mise en route avec la plus grande rigueur du processus d'autosuggestion vous permettra alors de passer sans peine du rêve à la réalité.

Rappelez-vous : pour aboutir, la réalisation de votre projet nécessite la mise en oeuvre des quatre conditions de la réussite citées plus haut, sans en négliger aucune, le tout dans une atmosphère positive comme le réclame la Loi d'Attraction.

VIII – Rôle de la volonté et part de l'imagination dans le processus d'autosuggestion

Et la volonté dans tout ça, quelle est son importance ? Eh bien, elle intervient peu, parfois même pas du tout, dans l'efficacité de l'autosuggestion. Son rôle est simplement, en soutenant la concentration, de rappeler la répétition nécessaire du processus permettant l'apparition de l'autosuggestion. Puis, et c'est bien là son rôle, cette dernière prend sa place et agit seule.

En effet, il est facile de comprendre qu'une personne qui aurait de façon constante une volonté infaillible, n'aurait jamais besoin de s'autosuggestionner. Une telle personne existe-t-elle ? Probablement pas.

La plupart du temps, l'impact de la volonté, sauf à considérer une personne qui en serait par maladie entièrement dépourvue, est donc peu important.

En lisant cette affirmation, vous risquez d'être étonné. Emile Coué l'explique ainsi dans : "La Maîtrise de soi-même par l'autosuggestion consciente" :

« Cette volonté, que nous revendiquons si fièrement, cède toujours le pas à l'imagination. C'est une règle absolue, qui ne souffre aucune exception.

Et pour vous en convaincre, ouvrez les yeux, regardez autour de vous, et sachez comprendre ce que vous voyez. Vous vous rendrez compte alors que ce que je vous dis n'est pas une théorie en l'air, enfantée par un cerveau malade, mais la simple expression de ce qui est.

Supposons que nous placions sur le sol une planche de 10 mètres de long sur 0,25 m de large, il est évident que tout le monde sera capable d'aller d'un bout à l'autre de cette planche sans mettre le pied à côté. Changeons les conditions de l'expérience et supposons cette planche placée à la hauteur des tours d'une cathédrale, quelle est donc la personne qui sera capable de s'avancer, seulement d'un mètre, sur cet étroit chemin ? Est-ce vous ? Non, sans doute. Vous n'auriez pas fait deux pas que vous vous mettriez à trembler et que, malgré tous vos efforts de volonté, vous tomberiez infailliblement sur le sol.

Pourquoi donc ne tomberiez-vous pas si la planche est à terre et pourquoi tomberiez-vous si elle est élevée ? Tout simplement parce que, dans le premier cas vous vous imaginez qu'il vous est facile d'aller jusqu'au bout de cette planche, tandis que, dans le second, vous vous imaginez que vous ne le pouvez pas.

Remarquez que vous avez beau vouloir avancer : si vous vous imaginez que vous ne le pouvez pas, vous êtes dans l'impossibilité absolue de le faire.

Si des couvreurs, des charpentiers, sont capables d'accomplir cette action, c'est qu'ils s'imaginent qu'ils le peuvent.

Le vertige n'a pas d'autre cause que l'image que nous nous faisons que nous allons tomber ; cette image se transforme immédiatement en acte, malgré tous nos efforts de volonté, d'autant plus vite même que ces efforts sont plus violents.

N'avez-vous pas remarqué que plus vous voulez trouver le nom d'une personne que vous croyez avoir oublié, plus il vous fuit, jusqu'au moment où substituant dans votre esprit l'idée « ça va revenir » à l'idée « j'ai oublié » le nom vous revient tout seul, sans le moindre effort ?

Il y a des ivrognes qui voudraient bien ne plus boire, mais qui ne peuvent s'empêcher de le faire. Interrogez-les, ils vous répondront, en toute sincérité, qu'ils voudraient être sobres, que la boisson les dégoûte, mais qu'ils sont irrésistiblement poussés à boire, malgré leur volonté, malgré le mal qu'ils savent que cela leur fera...

De même, certains criminels commettent des crimes malgré eux, et quand on leur demande pourquoi ils ont agi ainsi, ils répondent : « Je n'ai pas pu m'en empêcher, cela me poussait, c'était plus fort que moi. »

Et l'ivrogne et le criminel disent vrai ; ils sont forcés de faire ce qu'ils font, par la seule raison qu'ils s'imaginent ne pas pouvoir s'en empêcher.

Ainsi donc, nous qui sommes si fiers de notre volonté, nous qui croyons faire librement ce que nous faisons, nous ne sommes en réalité que pauvres fantoches dont <u>notre imagination tient tous les fils</u>. Nous ne cessons d'être ces fantoches que lorsque nous avons appris à la conduire. »

Le texte précédent est fondamental car il nous permet de comprendre les limites de la volonté. Est-ce à dire que le pouvoir de celle-ci est surestimé dans notre vie quotidienne ?

Rappelons ici que l'autosuggestion repose sur la répétition de quelque chose de positif que l'on veut acquérir jusqu'à ce qu'elle soit ancrée dans l'inconscient où la volonté n'est pas.

A partir de cette remarque, nous comprendrons que l'adage "je veux, donc je peux ..." n'est pas toujours vrai. En tout cas, les choses sont beaucoup plus compliquées qu'on ne le pense généralement. Car l'on confond souvent alors la volonté et le processus d'autosuggestion lui-même !

Par parenthèse, en nous référant à la logique et comme nous l'avons déjà mentionné plus haut, nous rappelons ici qu'il est indéniable qu'un sujet qui possèderait la volonté parfaite pourrait réaliser tout ce qu'il voudrait. Il n'aurait de toute évidence pas besoin du processus d'autosuggestion pour la réalisation de ses rêves.

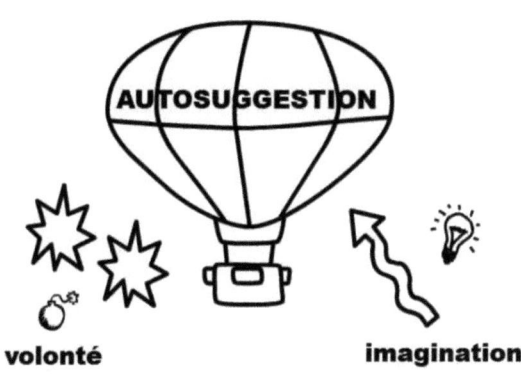

l'imagination crée l'autosuggestion - la volonté la freine...

Revenons donc à présent à Emile Coué et à sa façon d'expliquer les choses. Elle a beaucoup nui à sa renommée. S'il a été reconnu de son vivant en France et surtout aux Etats-Unis, grâce aux résultats obtenus sur ses patients, l'impact dans notre pays de ses travaux a été moindre après sa mort (1926).

Ce déclin relatif et heureusement momentané est dû à l'esprit cartésien de nos concitoyens. Le concept de suggestion et d'autosuggestion ne s'appuie pas en effet sur une démonstration logique à base mathématique : l'imagination ne se met pas en équation !

Pour l'expliquer, voyons ce que nous dit Coué :

« Nous assimilerons l'imagination à un cheval sauvage qui n'a ni guides, ni rênes. Que peut faire le cavalier qui le monte, sinon le laisser aller où il veut.

Que le cavalier vienne à mettre des rênes à ce cheval, et les rôles sont changés. C'est le cavalier qui fait suivre au cheval la route qu'il désire. »

Le père de la relativité, lui-même, Albert Einstein, contemporain de notre pharmacien, avait bien compris l'importance du facteur imagination en allant dans le même sens.

« La logique te mènera de A à Z… L'imagination te mènera plus loin »

Résumons notre pensée, dans le phénomène d'autosuggestion la volonté coexiste avec l'imagination mais sa part est faible. Parfois elle se limite à la seule recherche ou mise en route du scénario de l'imaginaire.

Attention, une fois le projet sur les rails, il n'est pas dit que pour sa réalisation la volonté aura une part négligeable !

Prenons pour nous en convaincre le projet de faire la traversée de l'Atlantique à la voile. L'adoption de l'idée elle-même de cette aventure s'effectuera dans l'enthousiasme dû à la seule imagination : la traversée ne s'effectuera que parce que vous en rêvez et parce que vous en imaginez tous les évènements qui vont en découler. Ces évènements, vous les visualisez très souvent dans votre tête. La visualisation imaginaire nourrit votre désir de départ. L'imagination est le moteur du projet.

La volonté est quasi absente des préparatifs. Elle se limite à vous forcer à affronter les différentes difficultés matérielles, à voir les choses en face et à ne pas les oublier. Une fois en route, avec les aléas du voyage, il peut en être tout autrement. Admettons que le mauvais temps dure, que votre gouvernail casse : la volonté de vous en sortir indemne, qui vous amènera à vous battre contre les éléments déchainés et à vous dépasser physiquement, entrera alors aussi en ligne de compte.

L'imagination, elle, est toujours en éveil qui, sous la forme de l'espérance, vous représente par avance triomphant des vagues et des rochers sur lesquels votre esquif risque de se briser à tout moment.

Dans notre exemple, volonté et imagination sont complémentaires. Chacune soutient l'autre. C'est même grâce aux deux que le sujet s'en sortira.

« SI TU NE VAS PAS À LA POURSUITE DE TES RÊVES, TU NE LES ATTEINDRAS JAMAIS. SI TU N'OSES JAMAIS DEMANDER, LA RÉPONSE SERA TOUJOURS NON. SI TU NE VAS JAMAIS DE L'AVANT, TU RESTERAS TOUJOURS AU MÊME ENDROIT »

ANONYME

IX - CONCLUSION

Notre compatriote Jean-Martin Charcot (1825-1893) a indéniablement laissé son nom à la postérité grâce aux résultats spectaculaires obtenus au 19ème siècle sur l'hypnose et l'hystérie. Il peut être considéré à ce titre comme précurseur de la psychologie moderne. Pourtant les Français, cartésiens avant tout, ont été longtemps réfractaires à toute forme d'étude du langage psychique.

Depuis quelques années les choses ont enfin tendance à changer. La psychologie pratique (PNL, Analyse Transactionnelle, Préférence Cérébrale, Pensée Latérale, Carte Mentale, Méditation etc.) a pris à présent son envol en France. Le nombre de missions en entreprise dans ces domaines ne cesse d'augmenter, les psychologues se multiplient. Les enseignants et les familles ont admis l'importance de la psychologie dans l'éducation, la scolarité et l'orientation.

Pour revenir à Emile Coué (1857-1926), la réticence des Français pour tout ce qui concerne l'esprit et l'inconscient explique que sa renommée ait été difficile à s'affirmer de façon durable. Il aura même fallu attendre près de 75 ans après sa mort, pour qu'il soit enfin véritablement reconnu dans notre pays comme le précurseur génial du phénomène de l'autosuggestion.

Pendant longtemps en effet, alors qu'il était célébré dans de nombreux autres pays, son œuvre et ses travaux ont donné lieu en France soit à des sourires, parfois à des moqueries, soit au mieux à des critiques de la part de chercheurs pour lesquels le domaine du psychisme relevait plus de la magie noire que du domaine scientifique.

Emile Coué s'est intéressé tout d'abord à l'hypnose. Insatisfait de ses résultats, il étudia ensuite l'importance de la relation existant entre l'esprit et le physique. Il l'expérimenta dans le domaine médical. Les guérisons qu'il obtint en utilisant la suggestion et l'autosuggestion amenèrent à lui de nombreux malades qui vinrent alors se presser dans son cabinet de Nancy.

Depuis une quinzaine d'années le vent a tourné et le pharmacien prend une revanche éclatante. Ses écrits qui résument sa théorie sur l'autosuggestion n'ont jamais été autant lus. Son influence n'a cessé de grandir. Son œuvre a été maintes fois rééditée. Nombreux sont les thérapeutes modernes qui s'inspirent à présent de sa méthode.

Si sa théorie reliant psychisme et physique a été vérifiée par lui-même dans le domaine médical grâce aux résultats qu'il a obtenus sur ses patients, la psychologie moderne montre sa validité dans de nombreux domaines reliant l'esprit et le corps.

A ce titre, on peut considérer que les notions de suggestion et d'autosuggestion conscientes sont même à la base de théories qui font fureur de nos jours en psychologie pratique, qu'il s'agisse de la PNL, de la loi de l'attraction ou de la visualisation positive.

Chose surprenante de la part de quelqu'un qui n'était pas un pédagogue, Il a aussi lancé les premières bases d'une pédagogie s'appuyant sur l'encouragement et que l'on appelle de nos jours la pédagogie positive.*

Les écrits d'Emile Coué ont donc trouvé une nouvelle jeunesse, un nouvel écho, l'importance de sa théorie ne cesse de croître à tel point que pour certains de ses adeptes le langage de l'autosuggestion consciente est devenu parole d'évangile.

Au train où vont les choses, gageons que ce n'est pas terminé et que de nouvelles théories verront encore le jour à partir de ses travaux.

*pour les lecteurs intéressés : chapitre « L'éducation telle qu'elle devrait être » à la fin de la Première Partie de La Méthode Coué (p.79) aux Editions Bussière

« LA LOGIQUE TE MÈNERA DE A À Z
L'IMAGINATION TE MÈNERA PLUS LOIN » —
ALBERT EINSTEIN

X - COMPLEMENTS

A- Citations fondamentales d'Emile Coué pour comprendre sa méthode

« DE JOUR EN JOUR, À TOUS POINTS DE VUE, JE VAIS DE MIEUX EN MIEUX. »

« NOUS POSSÉDONS EN NOUS UNE FORCE D'UNE PUISSANCE INCALCULABLE »

« LA CLÉ DE MA MÉTHODE RÉSIDE DANS LA CONNAISSANCE DE LA SUPÉRIORITÉ DE L'IMAGINATION SUR LA VOLONTÉ. »

« CE N'EST PAS LA VOLONTÉ QUI EST LA PREMIÈRE FACULTÉ DE L'HOMME MAIS L'IMAGINATION »

« AUSSI EST-CE COMMETTRE UNE GRAVE ERREUR
QUE DE RECOMMANDER AUX GENS DE FAIRE L'EDUCATION DE
LEUR VOLONTÉ, C'EST L'ÉDUCATION DE LEUR IMAGINATION
QU'ILS DOIVENT FAIRE. »

« QUAND LA VOLONTÉ ET L'IMAGINATION SONT D'ACCORD,
L'UNE NE S'AJOUTE PAS À L'AUTRE, MAIS L'UNE SE MULTIPLIE
PAR L'AUTRE »

« NOUS ASSIMILERONS L'IMAGINATION À UN CHEVAL
SAUVAGE QUI N'A NI GUIDES, NI RÊNES.
QUE PEUT FAIRE LE CAVALIER QUI LE MONTE, SINON LE
LAISSER ALLER OÙ IL VEUT.
QUE LE CAVALIER VIENNE À METTRE DES RÊNES À CE CHEVAL,
ET LES RÔLES SONT CHANGÉS.
C'EST LE CAVALIER QUI FAIT SUIVRE AU CHEVAL LA ROUTE
QU'IL DÉSIRE. »

B- Références & liens internet sur l'autosuggestion

- **Quelques sites sur l'autosuggestion**

http://fr.wikipedia.org/wiki/M%C3%A9thode_Cou%C3%A9

http://www.pnl-nlp.org/download/moutin/page11.htm

http://fr.wikipedia.org/wiki/Manipulation_mentale

http://www.psyvig.com/default_page.php?menu=20&page=11

http://editionssiress.wifeo.com/

http://www.masantenaturelle.com/spa/chroniques/chroniques2/visualisation.php

http://www.enchanteur.ca/autosuggestion.htm

http://www.methodecoue.com/livre1.htm

http://positivenet.net/autosuggestion.php

http://reve-lucide.org/faire-reve-lucide/

• Quelques ouvrages sur l'autosuggestion

La méthode Coué   Emile Coué   Editions Bussière

La puissance de l'autosuggestion   Paul-Clément Jagot   Ed. Dangles

Hypnose, suggestion et autosuggestion   M. Larroque   Ed. L'Harmattan

Suggestion et autosuggestion   Charles Baudouin   Ed. Delachaux (1924)

La Dynamique Mentale ou Comment développer vos facultés paranormales   Christian H. Godefroy

Le pouvoir de la volonté - Techniques de suggestion et de visualisation pour maîtriser son esprit et réussir sa vie Poche – 14 septembre 2007 de Paul-Clément Jagot

La clé du bonheur   Lucia Canovi   Les Phares Editions (format Kindle)

Le Pouvoir des Mots: Pensez positif et Restez motivé ! Milène Solar   Les Maîtres Mots (format Kindle)

Autohypnose - Pour Débutants   Patricia d'Angeli & Olivier Lockert   Hypnose Thérapeutique (2013)

La Loi d'attraction, comment maîtriser votre destin Clémentin Bottex   (e-book)   http://petit-prof.com

- **Quelques vidéos et livres audio**

La Méthode Coué ou maîtrise de soi-même par l'autosuggestion consciente avec la voix d'Emile Coué
https://www.youtube.com/watch?v=L3iReHHVMng

https://www.youtube.com/watch?v=L3iReHHVMng&index=11&list=PLl0aycXx0t0DxT7eyVHxX4veiOSkKqQX2

Explication de l'autosuggestion et de l'autohypnose
https://www.youtube.com/watch?v=AYyS1mfagbU

Auto-Suggestion Napoleon Hill – Dr Steve G. Jones
https://www.youtube.com/watch?v=OwDjwnbO7K8

Pouvoir illimité de Christian Godefroy
https://www.youtube.com/watch?v=7ZJ8DFzXsS0

La puissance des affirmations positives
http://www.dailymotion.com/video/xda6or_la-puissance-des-affirmations-posit_webcam

Apprendre l'auto-hypnose   Doctissimo
https://www.youtube.com/watch?v=0uMM5mjcp1I

L'art de la manipulation
https://www.youtube.com/watch?v=xI3HLW5Pfo0

Imagination et inconscient : l'hypnose des rues
https://www.youtube.com/watch?v=W4umQdNsfNQ&list=UUSzeGsr61pX8uWmlVZq01Qg

Le pouvoir de persuasion
http://www.dailymotion.com/video/x27salt_brain-games-s02e05-pouvoir-de-persuasion-hd_tech

POUR "PERSUADER", CERTAINS SAVENT Y METTRE LE PRIX !

La Puissance De Votre Subconscient Dr Joseph Murphy
https://www.youtube.com/watch?v=cwxsFwtc8Ck&list=PLbYXUP5NZoJX3ZvP9pdApw7om9ZYxeSUv

Lien vers le livre audio complet : (gratuit !)
https://www.youtube.com/playlist?list=PLbYXUP5NZoJX3ZvP9pdApw7om9ZYxeSUv&feature=edit_ok

C- Autres publications de l'auteur chez Bod-éditions et sur le Web

• Ouvrages brochés

Le coaching scolaire ~ pédagogie et outils   L. Fournier   BOD Editions

Secrets pour un enseignement efficace ~ quels outils choisir   L. Fournier   BOD Editions

En cours d'édition : La pédagogie positive   L. Fournier   BOD Editions

• E-books au format .pdf chez Bod ou sur le web

Attitude et empathie ~ au service de l'enseignant
L. Fournier   site web http://petit-Prof.com

Le Mimétisme outil pour enseigner   L. Fournier
http://petit-prof.com

Enseigner selon l'attitude ~ introversion et extraversion
L. Fournier   http://petit-prof.com

Enseignant formateur à domicile ~ conditions pour réussir   L. Fournier   http://petit-prof.com

Le coaching scolaire ~ pédagogie et outils   L. Fournier
http://petit-prof.com   et sur Amazon Kindle

« C'EST JUSTEMENT LA POSSIBILITÉ DE RÉALISER
UN RÊVE QUI REND LA VIE INTÉRESSANTE »
PAULO COELHO

© 2015, Louis Fournier

Edition : BoD - Books on Demand
12/14 rond-point des Champs Elysées, 75008 Paris
Imprimé par Books on Demand GmbH, Norderstedt, Allemagne
ISBN : 9782322039012
Dépôt légal : Novembre 2014

Achevé d'imprimer en janvier 2015.